武大通识
WHU General Education Center

珞 珈 博 雅 文 库

博雅弘毅
文明以止
成人成才
四通六识

武汉大学通识教育研究报告

主 编 李建中 黄明东
副主编 潘迎春 彭 华 文建东 江柏安

WUHAN UNIVERSITY PRESS
武汉大学出版社

图书在版编目(CIP)数据

武汉大学通识教育研究报告/李建中,黄明东主编 .—武汉:武汉大学出版社,2018.7
(珞珈博雅文库)
ISBN 978-7-307-20342-6

Ⅰ.武…　Ⅱ.①李…　②黄…　Ⅲ.武汉大学—通识教育—研究报告　Ⅳ.G640

中国版本图书馆 CIP 数据核字(2018)第 142224 号

责任编辑:陈　红　沈岑砚　　　责任校对:汪欣怡　　　版式设计:涂　驰

出版发行:**武汉大学出版社**　(430072　武昌　珞珈山)
(电子邮件:cbs22@ whu. edu. cn 网址:www. wdp. com. cn)
印刷:湖北恒泰印务有限公司
开本:720×1000　1/16　印张:10.5　字数:148 千字　插页:3
版次:2018 年 7 月第 1 版　2018 年 7 月第 1 次印刷
ISBN 978-7-307-20342-6　定价:48.00 元

世界一流大学与通识教育

中国高校多年来一直有一个梦想：建成世界一流大学。这些年来，教育工作者和相关专家也都在探索同一个问题：什么是一流大学？2017 年 9 月 21 日，教育部正式公布了世界一流大学和世界一流学科建设名单。什么样的大学可以称为世界一流大学？我认为，能够培养世界一流人才的大学就是世界一流大学。

公元 1088 年，意大利开办了世界上第一所近现代意义的大学——博洛尼亚大学。随着时代的发展，世界上又相继产生了德式大学和美式大学。中国也开始了现代大学的发展历程，从晚清学堂开始，北京有京师大学堂，武汉有自强学堂。民国时期，一大批现代大学得以建立。中华人民共和国成立以后，中国向苏联学习，建立了专科式大学。从 2000 年开始，中国通过构建综合性大学来冲击世界一流大学。纵观上述各种类型的大学建设，没有一个是脱离“以人才培养为核心”的理念的。大学的根本任务就是培养人才，大学的根本价值也是培养人才。所以，我们可以肯定地说，能够培养世界一流人才的大学才是世界一流大学。

此前，无论是学校还是社会都紧盯科研项目和科研成果，对学校的评价指标体系也以科研为核心，这是对大学的误读，也是大学本位偏差的一个具体表现。现在，我们提出要回归大学本位，就是要必须回归“以人才培养为根本任务”这一本位上来。

对一个国家来说，真正的一流人才必然是国家经济社会发展的基石，也是能够引领国家经济社会发展的人。对现阶段的中国而言，能够在当前社会发展中发挥基石和引领作用的人，不仅是中国的一流人才，也一定是世界的一流人才。经过近四十年的改革开放，中国在政治、经济、文化、社会和生态等各方面都发生了翻天覆地的变化。同时，随着中国日益走向世界舞台的中央，其地位与影响也逾见重要。中国的问题也是世界的问题，中国对全球发展和全球问题的解决发挥着重要的积极作用，我们所培养的人才也必然在全球治理中发挥关键性作用。

2015 年，我校在本科教育改革大讨论中明确提出本科人才培养的目标是：具有坚定的民族精神和开阔的国际视野、强烈的社会责任感和使命感，人格健全、知识宽厚、能力全面，能够引领未来社会进步和文明发展的国家脊梁和领袖人才。中国的大学要培养世界一流人才，目标指向其实已经非常清晰，那就是培养国家脊梁和领袖人才。

人类社会发展到今天，不仅需要大批的专门人才，更需要知识丰富、人格健全、品格高尚的“完整人”。如果回归“人才”的本意，“人才”由“人”和“才”两字组成。离开了“人”，“才”无以存在，“人才”二字，“人”是基础和前提，没有“人”就无所谓“才”。但多年以来，我们在人才培养过程中，只关注“才”，恰恰忽视了“人”。应试教育造成了理科靠大量做题、文科靠死记硬背的可怕局面，这种对教育的理解和实践，实际上偏离了“育人”这个教育最本质的终极目标。

回归“人才”的本意，就应该将“人”和“才”有机统一起来，把“人”作为教育最根本、最重要的对象。基于这种思考和认识，我们必须坚持武汉大学本科教育理念和人才培养的指导思想：“人才培养为本，本科教育是根”，“以成‘人’教育统领成‘才’教育”。“人才培养为本，本科教育是根”是对大学本质的概括，“以成‘人’教育统领成‘才’教育”是指在处理“人”和“才”的关系时，应该把“人”的培养贯穿于“才”的培养的全部过程和各个方面。在经济发展新常态和高等教育大众化的背景下，我国研究型大学的本科教育应该定位于：为高端人才的成长奠定基础。而通识教育就是落实“以成‘人’教育统领成

‘才’教育”的根本路径、必由之路。要想回归人才培养的本质和内涵，要想培养一流的人才，就必须开展通识教育。

世界一流人才是国家脊梁和领袖人才，他们往往要把握大方向、贯彻大道理、引领大方面。我们在培养国家脊梁和领袖人才的过程中，既要关注微观方面的具体工作，更要把握宏观方面的教育问题。宏观方面开展教育工作，最基本的目标就是发现自己、认识世界、反省人类最基本的价值。这些目标只能通过通识教育才能够实现。我们要培养国家脊梁、领袖人才，最基本的途径就是加强通识教育。

就我本人而言，对通识教育的理解也经历过一个转折过程。过去，我也和很多人一样，把通识教育的“识”简单地理解为“知识”，认为通识教育就是多学一些不同学科的基本知识。这种将“通识教育”理解为“通才教育”的观念，表面上看起来没有什么问题，实质上是十分片面的，其要害是未能把握通识教育的核心和本质。通识教育应该是“人”的教育和公民教育。我们过去往往以“才”的培养取代“人”的培养，只看到知识，没有看到价值，但真正的通识教育是以“人”为最本质的主体，通过高层次的文明教育和完备的人性教育，以培养具有现代文明素养的人和负责任的公民。通识教育不是为学生眼前的就业保驾护航，而是为学生终生的成长打下坚实的基础。

中国高校的通识教育应该包括两部分，第一是思想政治理论课。孙中山先生曾经说过，政治就是纵横知识。从政治本身的内涵而言，我们每个人所涉及与联系的世界就是政治关注且必须解决的问题。每个公民不是孤立的、单纯的个体，而是社会的人。个人要想生存和生活下去，按照自己的意愿参与国家事务和社会活动，就必须要与其他人和相关组织发生联系、形成关系，这样一来，也就会受制于所处的客观历史条件以及国家形态、制度构建和政治行为，所以说脱离政治是不可能的。我们每位同学，不管是学工、学理、学医，还是学人文和社科，都必须要面对政治组织、政治组织的力量和相关制度对个体所产生的影响，没有人能够脱离政治立场、政治态度和政治观点。中国特色社会主义大学要培养的是合格建设者、可靠接班人，如果在这些方面没有相应的基础和前提，那么教育的目标就不可能实现。所以思想政治理论课是广义通识教育的一个重要组成部分。

第二是人文教育。通识教育的本质就是人文教育，人文教育既包括人文学科教育，也包括社会学科教育，还包括自然科学概论教育和体育教育。人文教育应该是这四个方面的有机统一。自然科学概论之所以也可以纳入人文教育，是因为科学的研究与技术的探索都是以提高人类生存质量为归旨的。我曾经在医学部跟一些老师和学生讨论过，如果我们的医生只关注细菌、病毒而不关注人，医学和医疗能否健康发展？能否解决问题？显然不可能。所以自然科学概论也浸润着人文关怀。此外，体育对人的成长和人格的健全也具有重要作用。人文教育的核心是什么？是以对人的尊重为核心：强调人的主体价值，丰富人的精神，提升人的灵魂，健全人的人格。如果教育能够通过这种方式，使学生对人本身，对人与人之间的交往，对人与自然和社会的关系，有融通与透彻的理解，有人文情怀和博雅精神，那么学生就能用所学到的知识造福于人类。

通过通识教育，我们应该解决四个问题：一是正确价值观的塑造。很多人说价值观是一个空洞的概念，然而一个人只有跟社会同向而行，才不至于被碰得头破血流。跟整个社会基本认同的价值立场和价值追求保持相向而行，就是所谓正确价值观。二是健全人格的养成。健全的人格就是跟社会发展规律相适应的人格，善良、包容、责任、坚韧都是非常重要的部分。三是思维方式的拓展。科学是一个有机统一的整体，包括科学知识和科学思维。过去由于受成才教育的片面影响，教育只注意到知识的记忆而忽略了对学生思维的训练，使学生没有形成科学的思维方式。科学思维方式是在前人知识基础上创造知识的基本前提，通识教育应该让学生与大师进行心灵和思想的对话，使学生在对话的过程中，通过不同学科思维的交叉融合，让思维方式得以拓展。四是学习能力的提升。教育不是要让学生学会很多东西，更重要的是让学生能够学会如何获取知识。

“武大通识 3.0”的指导思想是以成“人”教育统领成“才”教育，通识教育的十六字理念是"博雅弘毅、文明以止、成人成才、四通六识"。"武大通识3.0"的课程具体构建则是"4-2-660"："4"是四大课程模块，即"中华文化与世界文明"、"科学精神与生命关怀"、"社会科学与现代社会"、"艺术体验与审美鉴赏"；"2"是两门通识教育基础课，即人文社科经典导引和自然科学经典导引；"660"则是60门核心通识课和600门一般通识课。

武汉大学通识教育从此开启了"3.0"时代，这个"3.0"不仅是课程设计上的"3.0"，更是武汉大学本科教育教学实践的"3.0"。在武汉大学通识教育中心老师们的努力下，更重要的是在我们武汉大学各位老师的积极参与下，我们提出的人才培养目标——"国家脊梁，领袖人才"一定能够实现！

周叶中

[illegible]

周叶中

目　录

Contents

武汉大学的通识教育，就较为宽泛的意义而言，始于20世纪80年代的“选修制”和20世纪90年代的“人文素质教育”；严格说来，则是始于21世纪初，其历史进程可划分为三个阶段：

2003年明确提出“通专结合”并将原培养方案的“公共基础课”改为“通识教育课”；

2013年经过十年建设形成通识教育七大领域、千门课程；

2016年确立“以成‘人’教育统领成‘才’教育”的通识理念并启动四大模块、三类(基础、核心和一般)通识课程的重建。

三大阶段可依次命名为“武大通识1.0”、“武大通识2.0”和“武大通识3.0”。

《武汉大学通识教育研究报告》以“成‘人’”理念为宗旨，以“创建‘武大通识3.0’”为核心，在世界一流大学通识教育的语境下，考察武汉大学通识教育的发展历史，分析武汉大学通识教育在学校管理、课程设置、教师和学生的通识理念等方面所存在的问题，提出建设有武大特色的通识文化、通识课程、通识课堂和通识教育管理体制的思路与方略。

第一章 全球视野中的大学通识教育

如果从1828年的《耶鲁报告》算起，通识教育已有将近200年的历史；即便是从1945年的《哈佛通识教育红皮书》算起，通识教育的历史也有70多年。全球视野中的大学通识教育，既有英国的博雅传统，也有德国的专精传统，更有综合二者的美国传统。下面着重介绍七所国际顶尖大学、中国大学通识教育“十校联盟”①和中国港台地区四所大学的通识教育。

一、国际一流大学的通识教育

（一）耶鲁大学

耶鲁大学1828年发布的《耶鲁报告》对自由教育哲学和古典课程作了全面的辩护，在美国高等教育史中上占据显著位置，被视为世界通识教育的第一个经典文本。直到今天，耶鲁大学通识教育的哲学基础仍与1828年的《耶鲁报告》一致。

耶鲁大学的通识教育旨在培养学生见多识广的视野和胜任未来职业的能力，其主要目标不是在某种既定的职业中训练学生，而是给学生提供能够胜任任何职业的知识和技能。因此，耶鲁大学更注重使学生在学习中获得批判的独立思考能力和写

① “十校联盟”中，武汉大学的通识教育辟专章介绍，香港中文大学的通识教育放在“我国港台地区大学的通识教育”一节中介绍。

作能力、推理能力以及流利的沟通能力，这些能力是从事任何职业的基础。实践很重要，但前提条件是先要学习如何用各种方式进行批判性和创造性思考。

耶鲁大学本科生需在四年内完成 36 门课程方可获得学士学位。近年来，耶鲁大学秉承了以学生为本的理念，以培养学生开阔的视野和终身就业能力为目标，逐步建立了完善的通识课程体系和通识课程模式，形成了“三类三技能”的通识课程体系。① “三类”指人文艺术类课程、社会科学类课程和科学类课程，要求学生在每一类中至少选修 2 学分课程。“三技能”指写作能力类课程、数理能力类课程和外语能力类课程。耶鲁大学要求学生在写作能力类课程与数理能力类课程中各修满 2 学分，外语能力类则由学生根据自己的入学考试外语成绩完成 1~3 门外语方面的学习课程，学生也可以完成一个批准的留学计划来代替学习中级或高级语言的课程。

耶鲁大学六大类别课程中的大部分是分布在各个院系的，即学校没有专门开设具体通识课程，通识课程分布在各个院系的专业课程之中。其中，写作课分“一般写作技巧”与“专业写作技巧”两大块，分别由英语系和其他各个专业院系提供课程；但是创作写作课程和非英语的写作课程不能包括在内，需要另外选修。耶鲁大学的课程安排还特别将定量方法从自然科学和社会科学中抽出来，作为一个专门的类别。

耶鲁大学的住宿学院制度也是通识教育的一大特色。耶鲁大学设立了伯克莱学院、布朗夫学院、瑟布鲁克学院等 12 个住宿学院，住宿学院不仅是学生的住处，还为学生提供了学习的环境。②每所住宿学院都有一位院长和生活管理部长，以及很多住在院内并被称为“院士”的教师；每所住宿学院都有自己的院徽、餐厅、图书馆、讨论课教室、娱乐室和会议室，有自己的报纸、运动队、兴趣俱乐部、戏剧组、歌咏队和特殊班。

---

① 参见龙大为，何兰英：《美国高校的通识教育评介》，《中国高等教育》2006 年第 8 期，第 62~63，42 页。

② 参见高黎：《耶鲁大学通识教育课程的改革与发展》，《教育评论》2012 年第 6 期，第 153~155 页。

每一所住宿学院由来自不同院系和不同专业的 400 至 450 名学生组成，这些学生在此住宿、进餐并参加丰富的学术活动与课外活动。①住宿学院不仅极大地增加了学生与教师的接触机会，使老师可以对学生进行通识课堂外的悉心指导，也使得具有不同背景和兴趣的学生有了更多交流、探讨、合作的机会，促进了学生对所学通识课程背景、内容的透彻理解。此外，住宿学院也会经常举办讲座、晚会、院长茶话会和学院研讨会，聘请顶级的著名学者和教授讲学，让学生有机会与社会名流面对面地交谈和探讨。

（二）哈佛大学

纵观哈佛大学的发展历程，通识教育改革是贯穿其中的主线。② 1869 年，艾略特校长发起自由选修制改革，赋予学生选课自由；1919 年，洛厄尔校长主持集中分配制改革，使必修与选修相结合，强调自由与社会责任的均衡；1945 年，《哈佛通识教育红皮书》提出通识教育"旨在培养学生成为一个负责任的人或公民"，"培养出一个对于自身、对于自身在社会和宇宙中的位置都有着全面理解的完整的人"③；1978 年，文理学院院长罗索夫斯基推动核心课程改革，强调学生应肩负起个人责任，成为一个"有文化的人"；21 世纪初，强调跨学科的综合性和灵活性，目标是培养具有民主意识和社会责任感的世界公民。

哈佛大学的通识课程包含共同必修课程与通识核心课程两大类。共同必修课程包含 1 门写作课程和 2 门外语课程。④哈佛大学的核心课程占学生课程总量的 25%左右。核心课程被划分为八大领域："审美与阐释"（Aesthetic and Interpretive Understanding）、"文化与信仰"（Culture and Belief）、"实证推理"（Empirical Reasoning）、"伦理推理"（Ethical Reasoning）、"生命系统科学"

① 参见黄慧敏：《耶鲁大学教育管理机制一瞥》，《湖南师范大学教育科学学报》2007 年第 2 期，第 66-69 页。

② 参见徐志强：《哈佛大学通识教育课程改革研究》，中国社会科学出版社 2015 年版，第 23 页。

③ 哈佛委员会著，李曼丽译：《哈佛通识教育红皮书》，北京大学出版社 2010 年版，第 40 页。

④ 参见庞海芍：《通识教育：困境与希望》，北京理工大学出版社 2009 年版，第 166 页。

(Science of Living Systems)、“物理宇宙科学”(Science of the Physical Universe)、“人类多元社会”(Societies of the World)、“世界中的美国”(The United States in the World)。①

《哈佛通识教育红皮书》

“审美与阐释”领域旨在培养学生艺术批评的技巧，对各种艺术形式诸如视觉、听觉、书写等思想表达的理解技巧，对诸如批判性理论、美学、艺术哲学、修辞和各种其他理论领域的作品具有在上下文框架中进行分析的能力，以及课外实践的各种能力。

“文化与信仰”领域旨在训练学生对人类社会的文化与信仰传统的理解和鉴别能力，向学生介绍任何语言或艺术品或民族志或社会历史中的一手文本或二手文本，培养学生将各种作品置于其产生时的历史、社会、政治、经济、

① 参见张会杰，张树永：《哈佛大学通识教育课程体系及其特点》，《高教发展与评估》2013年第2期，第81~89，107~108页。

宗教或跨文化背景下加以分析的能力，培养学生考察文化传统和信仰是以什么样的方式塑造个人和社会的认同，帮助学生将课程中提供的材料与学生自己生活中可能产生的文化问题结合起来理解。

“实证推理”领域旨在传授推理与解题中需要的概念和理论工具如统计学、概率论、逻辑、决策理论，让学生练习用这些工具解决具体问题，并让学生熟悉人类在推理和解题中容易犯的错误。

“伦理推理”领域的宗旨是教授学生如何推理有关道德与政治信仰和实践的内容，教授学生如何缜密思考和评估关于伦理问题的论断，教授学生审视伦理思想的各不相同的概念与理论，如关于优良生活、责任、权利、公正与自由等理论思想，教授学生如何评估和权衡支持和反对某些概念和理论的理由，教授学生运用所学的概念和理论解决今后会遇到的各种伦理难题，让学生熟悉不同于他们自己的价值体系。

“生命系统科学”领域介绍与之相关的基本概念、事实和理论，讲授生命系统实验的本质，训练学生学以致用。

“物理宇宙科学”领域的要求与“生命系统科学”领域的要求相类似。

“人类多元社会”领域要求学生研究美国之外的一个或多个社会，证实各个社会之间的联系和一个社会的历史延续性，将所学的材料与学生今后在全球环境下会遇到的社会、文化、政治、法律、语言或者经济问题关联起来。

“世界中的美国”领域旨在从一个比较的、历史的和分析的视角探讨美国的社会、政治、法律、文化和经济的制度、实践与行为，证实上述制度、实践和行为与其他社会之间的关联，展示美国社会的变化，利用所学的材料提供给学生关键的工具，使学生理解美国在全球背景下所面临的社会、文化、政治、法律和经济问题。

所有学生必须在每个领域内至少选修1门课程，共计选修8门核心课程。每一领域内课程由不同学院提供，但相关性很强；不同领域之间的课程具有相对独立性，但也有些课程同属于两个甚至三个领域。每个领域具体开设的课程并非固定不变。按照哈佛大学的规定，核心课程每隔三年要调整一次，重新设置一个新的核心课程计划。

课程教学方面，核心课程以一个学期(13周)为单位，每周完成2~3小时的理论学习（lecture）以及一个讨论课程（section）。理论课一般一周上两次，一次 1.5~2 小时，课程以教师讲课或邀请其他专家作报告为主；每周的讨论课帮助学生更好地巩固或应用理论知识。①核心课程提倡跨学科教学，重视跨学科团队的合作。

哈佛大学课堂教学注重学生参与，教师讲授主要是提供思考的线索和参照，基本不提供答案，即使有答案也不是唯一的或标准的。教师视自己为引导者、推动者和共同思考者，与学生平等讨论。②教师鼓励学生提出尖锐、直率的质疑和批判，对那些敢于并且有能力挑战教师的学生往往给予高分。成绩考核之中，学生的课堂发言占有相当大的比重。学生为争得发言机会，课前要花大量时间做准备，课堂上要往复辩难，唇枪舌剑。此外，通识教育还大量采用案例教学，全校有 5 万个案例供教学科研使用。“亲验式”的案例教学，引导学生在逼真的模拟情景中感悟和实践。③

（三）芝加哥大学

早在 20 世纪 30 年代，当时的芝加哥大学校长赫钦斯便主张“通识教育”，认为不同科系、不同专业必须具有共同的精神文化基础，必须接受一种共同的教育。赫钦斯认为，美国现代大学通识教育的基本内容就是要让大学生在进入专业研究以前，不分系科专业全都应该首先研究“西方经典”或所谓的“伟大著作”(Great Books) ④。

芝加哥大学的通识课程占总课程的三分之一，每一位本科生必须在前两年修满由“人文、文明研究和艺术”、“社会科学”和“自然科学与数学科学”三大领域组成的 15 门课程，其中人文科学 6 门，自然科学 6 门，社会科学 3

---

① 参见曹盛盛，王晓阳：《哈佛大学通识课程改革及其运行管理服务体系研究》，《中国高教研究》2015 年第 5 期，第 33~40 页。

② 参见郭峰：《学生自主学习能力的培养：提高教学质量的核心命题——哈佛大学的经验及其启示》，《外国教育研究》2008 年第 1 期，第 60 页。

③ 参见郭峰：《学生自主学习能力的培养：提高教学质量的核心命题——哈佛大学的经验及其启示》，《外国教育研究》2008 年第 1 期，第 61 页。

④ 参见甘阳：《大学人文教育的理念、目标与模式》，《北京大学教育评论》2006 年第 3 期，第 38~65，189~190 页。

门①。人文科学即“人文、文明研究和艺术”领域，自然科学即“自然科学和数学科学领域”(包含物理学、生物学和数学)。

“人文、文明研究和艺术”领域要求修6个学季课程，共100个点数，其中“艺术”子模块至少1个学季课程，“人文社科”和“文明研究”子模块各至少2个学季课程，剩下的1个学季课程可以任选。通识教育的核心内容是要求对所学教学文本材料进行知识性的、历史性的和审美性的欣赏和鉴别。在这个领域，课程学习要求学生学会如何深度解释文学、哲学和历史文献，学会如何识别这些文献提出的重要的知识性问题，以及学会对这些文献展开有洞察力和说服力的讨论和写作。学生也被要求学会如何研究视觉艺术和表演艺术，学会如何在一个文化框架下和按时间顺序研究文本及艺术形式。

“自然科学与数学科学”领域包括6个学季课程，共600个点数，是探索自然世界的根本性质和掌握科学研究所依赖的流程，包括了解科学考察、科学推理和自然规律的各种方法所具有的威力与存在的局限性。通过这些课程，让学生掌握通过运用数学、计算科学、统计学和形式逻辑中提供的专业语言进行正式推理的能力。学生需要在物理科学和生物科学中各选至少2门课，在数学科学中选至少1门课，然后任选1门课。

“社会科学”领域要求按照课程系列选课，一个课程系列持续一年，包含3门课程，共300个点数。这些课程帮助学生理解社会科学领域的概念、理论和哲理，了解社会科学是如何同时通过直觉现象与系统分析对社会生活的本质按照科学规范提出基本问题和展开分析的。课程尤其强调对社会科学经典文献和方法的研讨。这些系列课程包括：“权力、身份与抵抗”，集中讨论有关权力的不同方面问题，包括决定着个人、阶级和性别不平等的社会结构中市场与国家的作用是什么；“自我、文化与社会”，包括政治经济学的基础原理，资本主义与现代社会的理论，以及个人的社会和文化属性；“社会科学探究”，讨论古典与当代关于对有关公共政策问题的信息进行搜集、分析和解释的方式的观点；“头脑思维”，从精神过程、生物机制和社会环境三个角度研究人们的主观体验与行为。

芝加哥大学人文科学和社会科学的课程以阅读经典文献为主，实行小班

① 参见：“芝加哥大学通识课程”，http：//collegecatalog. uchicago. edu/thecollege/thecurriculum/。

讨论制，培养学生的阅读能力和思辨水准。学校精心选择经典或重要文献作为阅读材料，例如哲学课的课程内容主要是阅读柏拉图、亚里士多德、笛卡儿、休谟和康德等人的著作①，“文学”指定的阅读材料包括西方历代诗歌、《荷马史诗》、《圣经》，莎士比亚、乔伊斯和美国作家的作品等，仅仅在课程设置和教学内容上就与中国大学的文学课重“史”而轻“经”的设计大异其趣。芝加哥大学重视小班讨论，即使是大班授课的课程每周也会将大班分成小组，按小组组织讨论，由博士生担任助教。通识教育类课程对学生的阅读要求非常高，因而学生的课外阅读量十分巨大。在小班研讨中，教师要求每位学生作三分钟的发言，提出自己认为值得注意和讨论的问题，并且要求学生于课后一天之内在网上提交自己的课程总结。这种训练是高强度的又是非常必要的，对学生的阅读、思考、论辩和写作能力的提升有着明显的效果。

概言之，芝加哥大学通识教育总体特点有二：一是重视经典名著的研习和讨论(内容涉及文、史、哲、社会科学、自然科学、艺术等方面)，注重多学科知识的融合和学生获取知识的能力培养；二是强调通识课程的目的不仅在于使学生掌握基础知识，而且还要使学生掌握学科间的联系，达到触类旁通，最终能将知识应用于生活。

(四) 哥伦比亚大学

哥伦比亚大学的通识教育始于1919年的“当代文明”课程，是美国最早实施通识教育的大学之一，至今依然保持着良好的自由教育传统。②哥伦比亚大学本科一、二年级不分专业，需修读通识教育核心课程28~35学分，本科三、四年级才开始学习主修专业。学校要求所有本科生共同修读的通识核心课程有六大模块，即当代文明(Contemporary Civilization)、人文经典(Literature Humanities)、大学写作(University Writing)、艺术(Art Humanities)、音乐(Music Humanities)、科学前沿(Frontiers of Science)以及科学、全球化、外语、

① 参见甘阳：《大学人文教育的理念、目标与模式》，《北京大学教育评论》2006年第3期，第38~65，189~190页。

② 参见庞海芍：《通识教育困境与希望》，北京理工大学出版社2009年版，第168~169页。

体育等。哥伦比亚大学通识核心课程中理工医科课程所占比重为30%，涉及人文学科的模块有三个，即“当代文明”、“人文经典”、“大学读写”。值得注意的是，哥伦比亚大学的“当代文明”与“人文经典”课程可以说是核心课程的核心①。

“当代文明”课程奠基于1919年，是美国通识课程的始祖。刚开始是为当时参加第一次世界大战的学生所开设，几经演变已成为百科全书式的课程，所探讨的范围相当广泛，涵盖了西方文明从古代至现代的全部历史，包括了经济、政治、道德、文化、历史以及世界地理和各国资源等内容。该门课程要求所有二年级学生学习两个学期。

“人文经典”是又一门十分重要的核心课程，课程以小组形式选读《圣经》《伊利亚特》《奥德赛》《俄狄浦斯王》等西方经典著作，要求所有一年级学生必修两个学期。学习的主旨不在于强迫学生去熟记作品中的文字解析，而是去了解它的宗教、哲学背景或科学性的内容，希望培养出有智识的人而不是文学的研究者。

对于“当代文明”和“人文经典”两个模块，学生必须要注册两个学期的课程，授课内容主要以传统经典文本为纲，担任这两门课程的教师会依照所选书目引导学生阅读和讨论。“当代文明”和“人文经典”课程均要求学生每周学习4个小时，小班授课(22人)，统一教学大纲。哥伦比亚大学通识核心课程的目标在于使学生对于重要的观念、文学作品、哲学、历史、艺术和科学等能有宽广且深透的理解。

余下的“大学读写”、“艺术”、“音乐”、“科学前沿”等模块，学生必须注册一个学期的课程，或者由一些资深教授就相关主题为学生作大型学术专题报告，再让有关博士后和研究人员引导学生分组阅读讨论，或者由任课老师采取相对自由的内容依照这门课的基本宗旨来予以讲授。哥伦比亚大学的通识教育强调课程少而精，强调阅读经典，强调小班授课和小班讨论，要求学生思考影响人类发展的大问题。

① 参见：“哥伦比亚大学通识核心课程”，http：//www. college. columbia. edu/core/classes。

（五）斯坦福大学

斯坦福大学1987年的通识教育改革方案在美国引起热烈讨论，甚至被认为是最激进的改革。所谓“激进”，也就是在传统的西方文明之外，添加一些非西方因素，比如属于东方的孔子和老子。有学者认为，由此反倒可以体现出：“整个20世纪美国大学通识教育不管有多少变化，其实历来都有一个‘纲’和灵魂，这就是通识教育基本课程设置是以巩固学生的‘西方文明认同’为目的，因此整个通识教育的核心历来是一整套的‘西方文明’课”①。这一点，对于我们今天在设计核心通识课程时如何充分吸收优秀传统文化资源，有着重要的启示和借鉴意义。

在斯坦福大学的通识课程体系中，2012年以前，课程分为“人类学入门”、“有效思考”、“专业学科广度”、“公民教育”、“写作与修辞”和“语言”六大门类。

“人类学入门”为学生建立知识基础，以从事人文思想、价值观、信仰、创造性和文化的研究学习。这个板块的课程介绍人类学的研究方法，包括跨学科的方法和学科专业的方法。

“有效思考”的宗旨是帮助学生提出严谨和真正的问题，这些问题能够用科学实验解答，能够进行文字解释，或者能够作社会政策分析。这个类别通过生动活泼的授课与讨论来要求学生找到团队合作的方式以寻求这些问题的解决之道。

“专业学科广度”要求学生从工程与应用科学、人文、数学、自然科学和社会科学五个学科领域中各选一门课。

“公民教育”要求学生在伦理推理、全球社区、美国文化和性别研究四个领域选两门课，或者从上述专业学科广度中选择两门满足要求的课程。

“写作与修辞”确保毕业生能写出清晰和有效的文章，以促进有效率的沟

① 参见甘阳：《大学人文教育的理念、目标与模式》，《北京大学教育评论》2006年第3期，第38~65，189~190页。

通。词汇是思想的载体，要进行清晰的思考就需要具有写作和演讲的才能。这些课程训练学生提出复杂而又有充分研究的论据和进行口头陈述。

“语言”板块要求学生基本掌握一门外国语，这有助于扩展学生的知识范围，增加他们的表达方法，让他们接触更多的材料和文化。

2013年，斯坦福大学再次改革通识教育，实施新的通识教育方案，增加了包括“思维与行为方法”、“有效思考”、“写作与修辞”、“语言”四类必修课模块，旨在“培养学生深度阅读、熟练写作、有效交流与批判思维的能力，使学生能够建立不同学科领域之间的联系，并指导学生将来理智地工作与生活”①。

斯坦福大学开创性地引入了“思维与行为方法”模块，用以代表通识教育的广度要求，取代了此前课程体系中的“人类学入门”、“专业知识广度”和“公民教育”三个板块。这个创新性的模块强调两个方面：第一是强调思和行的重要性，教导学生如何以不同的视角看待世界，如何将研究的对象从不同角度概念化，以及如何以新的方式运用新的知识体系；第二是强调综合与整合，让学生认识到各个具体的思、行方式不是相互独立的，而是一个完整知识配置的组成部分，是一组互补性的工具。而且，这个板块致力于与学生所学专业领域的知识进行互补和整合。

“思维与行为方法”必修课包括审美与诠释、社会调查、科学方法与分析、形式推理、应用性量化推理、参与多样性、道德推理、创造性表达8类课程。学生需要从这8个子板块中选修11门课。

“有效思考”必修课需在大学一年级修完，修课形式主要包括三种：第一种是有效思考类课程，在开设的课程中选择一门修完即可；第二种是自我塑造教育课程；第三种是为期一年的寄宿制项目。学生可以从三种修课形式中选择一种完成。

斯坦福大学通识教育的写作必修课实施于2003年，包括写作Ⅰ、写作Ⅱ、

① 参见Stanford University：《The Study of Undergraduate at Stanford University》，California：Stanford University，2012年，第11~13页。

专业写作三个层次，要求所有本科生必须完成。其中，写作I、写作II由通识教育承担，专业写作则由院系负责。所有新入学的本科生都必须完成1学年的外语课程(4~5学分)。

“语言”必修课旨在培养学生的外语能力，以促进其他课程的学习，并使学生能适应不同文化背景的生活、工作、学习与研究。①

以上介绍的五所世界一流大学均为美国的知名高校。综合分析美国高校通识教育的特点，我们不难发现：在美国，虽然不同高校的具体做法各不相同，但在总体理念上是一致的，即着眼于特定目标的实现，具体表现为以下三个特点：

第一，通识教育是所有大学尤其是研究型大学必须实施的教育理念及教学方式。正如最早引发通识教育运动的1828年的《耶鲁报告》所说：“大学、学院、高等专科学校、专职神学院不能全都是一种模式；但是应当考虑各自的因素要随着需要达到的目的进行改变。”这里明确提出，研究型大学虽然在人才培养模式上要区别于普通大学、专科学校和职业学校，但就“通识教育”而言，也是属于“随着需要达到的目的”。

第二，研究型大学必须在通识教育和专业教育之间取得平衡，用通识教育统领专业教育。研究型大学不仅要提供各个学科的专业知识，更要提供高于各个学科并指导各个学科的更具一般性的思维与方法。通识教育并不是要和专业教育相对立，并不是改“专才”教育为“通才”教育，而是在专业教育之外寻求各个专业、各个学科的共同的根，以强化专业教育。因此，通识教育并不是“全才”教育，而是“全人”教育。

第三，美国大学“全人”教育的内涵包括：既提供学生在某一领域深入学习的渠道，也给他们提供在科学、文化与社会领域的更广泛的知识，同时让他们具备社会责任感和道德观，从而做好准备应付复杂性、多样化

① 参见查岚：《创新为体 创业为用——从斯坦福大学课程设置看创新创业教育改革》，《高教学刊》2016年第17期，第8~10，13页。

和变革。但是，特别重要的是，在学习各个学科的知识时，并不是肤浅地进行综述式学习，也不是简单地了解各个学科的知识，而是深入掌握各个学科的分析思路和方法，同时掌握各个学科根基上的共同逻辑和共用的方法。

例如，哈佛大学将通识教育的目标定位为：寻求让学生做好准备在一个不断变化的世界里实现自己有公民责任和伦理担当的有意义的生活。其课程超越学科限制，要求学生跨越学科边界进行知识整合，要求学生抓住复杂和根本性的问题，认知自己与他人的存在意义，想象自己与他人的各种可能性和提出更好的问题。通识教育还要帮助学生理解学术工作与人生中最重要方面的关系。通识教育也训练学生获得实践智慧：要求学生思考如何对他们在人文学科和科学领域受到的教育善加利用，以为增加知识和服务人类作出贡献。

又如耶鲁大学，1828 年的《耶鲁报告》从另外一个角度对通识教育理念进行了总结。耶鲁大学认为，不同于专科院校局限于学生技术技能的训练和为学生提供潜在的就业机会，研究型大学培养目标应该集中关注学生思维能力的训练，强调人才的培养与发展，强调大学教育的结束意味着毕业生终生教育的开始。在 2017 年最新的通识教育理念阐释版本中，耶鲁大学认为通识教育的目的是引导学生进入大学的知识世界，突出重要的问题，阐明如何从多重角度来理解这些问题。通识教育帮助学生获得多种必不可少的知识和社会能力，这些能力对学生无论将来在哪个领域发展而言都具有持久价值。在学生获取批判性技巧，探寻自己的兴趣，发展和同事、同行的关系以及将各个领域的教育经历融会贯通时，学生将会获得极大的灵活性以选择自己心仪的主题。通识教育与学生的专业结合起来就构成一个核心内容，让学生围绕它打造自己今后四年在耶鲁大学的学习生活，或许还让学生围绕它寻求研究生阶段的深造或者是寻求专业性的工作。

再例如芝加哥大学，作为博雅教育的创新性的领先者，其自 1930 年代以来的课表内容在不断变化，但是知识根基一脉相承。芝加哥大学的本科教育强调多学科，以提供批判性探究和发现知识的机会，主张阅读原创文献并加以研究，在此基础上根据理论框架将提出来的问题系统化。通识教育的目的不是简单地传递知识，而是提出根基性的问题，鼓励形成批判性、分析性的思维模式。

按照上面介绍的美国高校通识教育理念，课程体系设计是以通识教育目标为导向的，因此课程的选择并不是着眼于在各个学科里面进行搭配，并不是着眼于传授给学生均衡搭配的学科知识。我们以社会科学为例，从中选择什么样的课程是以其是否满足通识教育目标为标准的。这样一来，我们看到的课程分类就不是以学科为基准的，而是以通识教育目标为基准的。但是在这种分类中我们可以看到社会科学的定位。

从课程模式方面来看，美国高校主要采用独立课程模式。美国高校的通识课程设置从类型来看包括分布必修型、核心课程型、名著课程型和自由选修型四种类型，但是大部分学校主要采取前两类课程。采用后两类课程的大学目前少而又少，其中名著课程型在全美只有圣约翰学院一所大学采用①。分布必修型是最通行的模式，其实就是中国高校的指定选修，只是在美国它们是服务于通识教育之目标的。

通识教育的分布必修型课程要求学生在自然科学、社会科学和人文学科三大领域各自修习指定最低门数或学分的课程，当然学生可以在各个领域自由选择。而核心课程型是分布必修型的进一步精致化，对学生在三大领域的选课作了更多的限制或指导，这种模式以哈佛大学为代表。哈佛大学将核心课程分成 7 个模块，每个模块下开设门数不等的课程，要求学生在不同年级中修习不同类型和不同学分要求的课程。

从领域划分方面来看，以上美国高校的通识课程领域划分基本上不是在第一层次从“学科广度”对学科领域进行分类，并在这个分类框架中设计社会科学类的通识课程；而是遵从通识教育理念将社会科学与其他学科融通起来选择课程的。其中哈佛大学完全淡化了社会科学这一个类别；斯坦福大学仅

① 参见李曼丽：《通识教育——一种大学教育观》，清华大学出版社 1999 年版，第 76~103 页。

仅是在次级的层面来选择社会科学类别的课程，其目的是服从更高的目标；芝加哥大学虽然在较高层面处理社会科学类课程选择，但是更注重将社会科学作为一个整体来设计课程，而不是直接选择社会科学领域内各个学科的具体课程；只有耶鲁大学明确了社会科学类别课程在通识课程中的重要地位，并且从社会科学内各个学科选择课程。

从分析哈佛大学、哥伦比亚大学、芝加哥大学等美国高校的通识课程设置中，我们可以获得三点启示。

其一，将通识教育界定为本科教育的入门教育，旨在为学生以后的专业和职业教育甚至本科毕业后的阶段的学习做准备。特别是哈佛大学的课程设置在学科交叉方面特别突出，体现了博雅教育的特点。

其二，核心课程的部分板块以西方经典著作的阅读为中心，通过教师讲解、学生讨论和思辨，促使学生理解西方文明的基本脉络和传统问题。这是人文学科相关课程在通识教育中的重要作用，特别是通识教育中成“人”教育实现的重要途径。

其三，结合现代生活要素的诸多方面，着重从人文素质层面培养学生的综合修养和鉴赏能力，将人文学科的传统与现代相结合的维度充分发挥出来。

（六）牛津大学

与美国大学不同，英国大学的通识教育是广义上的，其理念及精神可追溯至维多利亚时代杰出教育家（也是牛津校友）纽曼大主教关于博雅教育的系列演讲①。英国大学和美国大学的做法不同，英国大学没有设计专门的通识课程，而是秉承通识教育与专业教育相融合的理念，在整个教育教学过程中渗透通识教育的思想。牛津大学作为英国历史悠久的古典大学，其通识教育方面的做法颇能代表英国大学通识教育的特点。

牛津大学实行的通识教育主要有三个方面。

一是课程目标、课程体系、课程内容与课程实施方面贯穿通识教育精神。

① 参见纽曼：《大学的理念》，高师宁等译，北京大学出版社 2016 年版，第 1~5 页。

通识教育理念一直是牛津大学人才培养的核心思想之一，受建校以来数百年的古典人文学科发展以及历史传承的影响，牛津大学的课程设置突显出强烈的通识教育色彩。牛津大学没有设计专门的通识课程，其理念是：既没有纯粹的通识教育，也没有纯粹的专业教育，二者是有机融合的整体。

二是设置联合专业与高质量的复合式课程。联合专业的形式主要是双科专业与三科专业，牛津大学共有 49 种专业，其中单科专业 24 个，联合专业 25 个（双科专业 21 个、三科专业 4 个）①。双科专业如：古典文学和现代语言、现代史和经济学、物理学和哲学，等等。组成双科专业的两个学科并无主次之分，每个学科的课程比重大致相同。三科专业如哲学、政治学和经济学，心理学、哲学和生理学等，组成三科专业的三个学科课程比重有所不同。牛津大学根据每个联合专业学科间的内在关联程度和适切性，以基础学科的根基性与工具性为基点，构建双科专业和三科专业的复合式课程，将高质量的复合式课程作为实施跨学科通识教育的载体。

三是注重导师辅导与学生自主学习②。牛津大学对学生设有专门的教师辅导课，例如“哲学、政治学和经济学”三科专业，典型的时间分配就是每周 6~8 小时讲授课，每学期 8 或 12 次辅导课、4 次实践课，其他是学生个人自主支配的时间，主要用于准备辅导课。一般情况下，学生每周至少参加一次辅导课。在辅导课上，辅导教师与学生讨论上周布置的问题和读书报告，解决学生学习中的疑问，师生自由交换看法，安排下周的作业。辅导教师一般只提出自己的见解供学生参考，引导学生通过大量阅读来自己求证。

结合牛津大学通识教育可以分析英国大学通识教育的特点。英国大学的通识教育是学科专业联合模式，其人才培养理念旨在打通专业的界限，不采用单一的学科专业教育，而是从各种不同领域实现通才教育的理想。大多数英国大学采取双学科专业，即两门相关学科被设置成为一个组合，捆绑搭配，

① 参见许园：《英国大学博雅教育理念及其课程研究》，安徽大学 2016 年硕士学位论文，第 44 页。

② 参见刘凡丰：《独具特色的牛津大学本科教学管理制度》，《宁波大学学报（教育科学版）》2002 年第 6 期，第 60~63 页。

共同供学生学习。比如，哲学和经济学专业，即将哲学与经济学捆绑成为一组，两门组合的学科之间没有顺序上的先后以及地位上的主次之分。目前中国人民大学的 PPE(政经哲)项目即是吸收了英国大学这种专业打通的通识教育培养模式。

（七）东京大学

东京大学是日本高等教育的龙头，其通识教育目标是：为了给予自由思考更多样的背景和职业训练更良好的基础，必须培养广泛的人文科学态度。这将丰富学生的未来生活，并使他们了解今后所从事的职业及工作怎样在人类社会中发挥作用。

“推迟专业化”是东京大学通识教育的典型特征。在日本文部省改革教养课程的政策下，东京大学是极其特殊的例子，仍维持教养学部的存在。目前东京大学设有全国独一无二的教养学部，所有本科生前两年均在教养学部接受通识教育，大三再进入各专业学部接受专业教育①。

东京大学还施行了文理大类培养的方式，本科生入学以后分为文科一类、文科二类、文科三类、理科一类、理科二类、理科三类共六个大类组，每个大类组围绕不同的中心开设课程，如文科一类以法学、政治学为中心，理科一类以数学、物理、化学为中心②。

东京大学教养学部负责的前两年课程，总学分约占学士学位总学分的50%，其中要求文科学生修满 70 学分，理科学生修满 76 学分。东京大学通识课程结构主要包括基础科目、综合科目和主题讲义三部分。“基础科目”是专业基础课程以及共通的外语、体育和计算机等课程。“综合科目”是通识课程主体，被划分为“A 思想 · 艺术”、“B 国际 · 地域”、“C 社会 · 制度”、“D 人

---

① 参见吴守蓉，郭晓凤，白石则彦：《日本东京大学通识教育路径探究——基于 PDCA 分析》，《中国高教研究》2016 年第 10 期，第 78~82 页。

② 参见陆一：《21 世纪日本大学通识教育再出发：东京大学与京都大学两种模式的比较》，《北京大学教育评论》2015 年第 1 期，第 171 页。

类·环境”、“E 物质·生命”、“F 数理·信息”六个门类。① 文科学生需要在 A、B、C 类中至少跨两类并修满 8 学分，在 D、E、F 类中也至少跨两类并修满 8 学分；理科学生需要在 A、B、C、D 类中至少跨两类并修满 8 学分，E、F 类均须涉及且修满 8 学分。“主题讲义”是 seminar 研讨型体验型课程、实验探究类课程等，要求修满 2 学分。另外，教养学部还要求本科生修习 4~8 学分的任意选修课。

二、我国“大学通识教育联盟”成员高校的通识教育

2015 年 11 月，由北京大学、清华大学、复旦大学和中山大学共同发起创立“大学通识教育联盟”。2016 年 6 月，我校与浙江大学、南京大学、厦门大学、重庆大学及香港中文大学六所高校正式加盟。十校联盟携手推动我国高校通识教育的发展，增进高校在通识教育领域的相互交流、协作与支持。十校联盟的活动主要包括“大学通识教育年会”、面向联盟单位学生开设“大学通识教育核心课程暑期讲习班”、组织各类“通识教育核心课程教学研讨会”、出版《通识教育评论》等通识教育丛书，以及通过公共网络社交平台积极传播通识教育理念和各校通识教育改革动态。

下面依次介绍十校联盟中八所高校的通识教育概况和主要特色。关于武汉大学的通识教育，将在后面辟专章重点分析；而香港中文大学的通识教育，将在“我国港台地区大学的通识教育”一节中重点介绍。

（一）北京大学

北京大学力求把单科化的专才教育转变为整体化的通识教育，在最基本的知识领域为学生提供多学科交叉综合的精品课程，让学生广泛涉猎不同的学科领域知识，拓宽学生知识基础。

---

① 参见陆一：《21 世纪日本大学通识教育再出发：东京大学与京都大学两种模式的比较》，《北京大学教育评论》2015 年第 1 期，第 172 页。

2016 年 6 月，武汉大学加入“大学通识教育联盟”

北京大学的通识教育以课程体系建设为载体进行，课程体系包括“通选课”和“通识核心课”两类。但是这两类课程的学科分布又不一样。

其中北京大学本科通识教育选修课分为“数学与自然科学”、“社会科学”、“哲学与心理学”、“历史学”、“语言学、文学、艺术与美育”以及“社会可持续发展”六个基本领域，全校性通选课毕业学分为 12 学分①。不同领域之间的课程具有相对独立性，但也有些课程同属于两个甚至三个领域。例如世界文化地理既属于数学与自然科学领域也属于社会科学领域，人口资源环境社会学既属于社会科学领域也属于社会可持续发展领域，战后东亚政治发展既属于社会科学领域也属于历史学领域。选修兼跨两个领域以上的通选课可由学生选择计入其中任一领域。其中涉及人文学科的领域有三个，即“哲学与

① 参见：北京大学教务部：“北京大学 2015—2016 学年本科生课程手册(含通选课、平台课、公共必修课目录及介绍)”，http://dean.pku.edu.cn/notice/inform_show.php?id=1437095152。

心理学”、“历史学”以及“语言学、文学、艺术与美育”。理工科学生须在“语言学、文学、艺术与美育”类至少要修满 4 学分(其中至少一门是艺术与美育类课程)，文科学生须在“语言学、文学、艺术与美育”类至少要修满 2 学分(其中至少一门是艺术与美育类课程)。

北京大学自 2015 年后，重点建设核心通识课程，通识核心课则包括“中国文明及其传统”、“西方文明及其传统”、“现代社会及其问题”和“人文、自然与艺术”四大类。其中，“现代社会及其问题”和“人文、自然与艺术”涉及自然科学。前者要求融通中西文明，将对现代社会的问题思考共同放在课程中，超越专业，从问题入手，让学生学会如何理解世界，学会科学的思维方式、逻辑假定和推理过程。后者的“自然”部分，从自然科学从发，为学生提供了一个比人类生活更为广阔、更为精微、更为基本的世界。北京大学目前开设了 37 门核心通识课程，理工医科类课程有 6 门：化学与社会、科学通史、地球与空间、生物进化论、批判性思维、逻辑导论。

北京大学通识核心课中的“现代社会及其问题”领域为社会科学类课程，有如下几个特点：

第一，课程体系设置与课程内容要求遵循明确的博雅教育理念——提高对人类自身的认识，加深对自我与自然及社会之间关系的理解，培育人文精神与历史观念，认识人类关注的问题和面临的挑战，守护文明传统和感受人类探索真理的历程，训练思考批判、交流合作与开拓创新的能力。

第二，基于上述理念，包括社会科学在内的通识课程在设计时不求知识系统完善，但要有一定的深度，能够从独特的视角，促进学生深入的思考。

第三，社会科学板块课程在内容设计上注重阅读、写作和课堂展示。

第四，在课程类别上，既有理论与学术的培养，也有问题导向的课程。这些课程涵盖了经济、文史、哲学与社会学。目前已经开设的课程包括：经济学原理，中国经济改革与发展，影片精读，伊斯兰教育现代世界，现代中国的建立——制度、思潮与人物和中国社会：结构与变迁。

很明显，从总的课程体系来看，北京大学常规本科教育中的通识课程非常明确地强调了通识教育的广度和深度——既沿用了原来的通选课思路，注重知识的广博，又引入了真正的博雅通识教育，有明确的顶层设计在里面，注重知识的深度。

另外，北京大学2012年开始试行“小班课教学”，小班课教学立足于“大力推进和有效激励学校优秀教师群体更多地直接参与和承担本科教学与人才培养工作，通过提供教师与学生更多面对面交流互动的机会，倡导一对一、个性化的学业指导，以期达到言传身教、加深情感、教学相长、育人成才的目的”①。

（二）清华大学

清华大学从2006年开始推进通识教育核心课程，2013年加大力度，推进通识课程体系的建设，并对本科培养模式进行学校层面的试点改革。自2007年联合“中国文化论坛”举办首届全国文化素质通识教育核心课程讲习班之后，清华大学每年都要举办通识教育暑期班，力求从实际教学情况出发，探索中国本科书院式的特色道路，而非一味照搬牛津、剑桥等西方大学的办学模式。

清华大学的通识教育特色是2014年建立的“通识教育实验区”新雅书院。书院以通专融合、学科交叉为导向，以“渊博雅正、器识为先”为主导，旨在“发扬会通传统，推进通专融合，优化学科资源，造就卓越人才”，达成“文理兼修、中外会通”的世界一流、中国特色、清华风格的人才培养新模式。

在课程体系方面，新雅书院分人文社科和数理两大类进行通识课程建设，其中人文社科类课程共21门，属于必选课。在此基础上，设置了6个专业方向，其中4个专业方向为常规专业中归并而成的大类方向，包括理科、工科、基础文科和应用文科；在此之外，新雅书院另外增设了创意设计与智能工程（CDIE）和政治经济与哲学（PPE）两个交叉学科。由此可见，新雅书院的通识教育有两个特点：其一，对所在学院学生设定了较为系统和全面的通识课程；其二，对所在学院学生提供了较为大类的专业方向。

① 参见：“北京大学‘小班课教学’简介”，http://dean.pku.edu.cn/tutorialclasses/。

新雅书院学制四年，学生入学不分专业，按照学科交叉和大类融合的原则安排宿舍。书院学生首先接受强化式数理基础和人文社科基础的小班通识教育，一年后可自由选择专业方向，或选择交叉学科发展。学生需在前两年选修4门通识教育核心课程，每学期1门，每门3学分；专业课程则根据学生所在专业院系培养方案组织教学①。

新雅书院开设的通识课程以古今、中西、文理的交汇与融合为基本出发点，以中国文明与世界文明、文化传统与当代精神、人文与科学为主线，开设了《史记》研读、早期中国文明、法律与文学、艺术的启示等通识课程。这些课程以"文明与价值"为主线，以中华优秀传统思想和文化、世界文明优秀成果为核心，以文学、历史、哲学、艺术和科学为基础，推及政治、经济、社会和传播。新雅书院所开设的人文社科类通识课程不是按照学科开设，不是从各个专业中精选课程，而是设置了更高的起点，从交叉融合和深入方法论的角度并立足当代社会的重大关切点开设课程，包括西方思想经典与现代社会、主权与人权、政治学的视野等课程。

新雅书院为全体学生配备导师，并定期举办讲座、论坛等学术文化活动。书院每年选拔学习成绩优异和各方面表现突出者参加世界名校的暑期学术活动。此外，新雅书院特设"创意设计与智能工程"（简称CDIE）、"政治经济与哲学"（简称PPE）两个交叉专业，以培养跨学科人才②。

在新雅书院之外，其他各个院（系）也都推行通识教育，但是通识课程的设置并没有实行学校管理，而是由各个院（系）按照学校精神自行安排。其中理工科的院（系）普遍采取了学校设计的8个类别的通识课程，这些课程统一冠名为文化素质核心课，包括：哲学与伦理、历史与文化、语言与文学、艺术与审美、环境科技与社会、当代中国与世界、人生与发展、数学与自然科学。从实际开设的课程来看，文化素质课程中的环境科技与社会和当代中国

① 参见清华大学："新雅书院"，http://www.tsinghua.edu.cn/publish/newthu/newthu_cnt/education/edu-1-7.html。

② 参见清华大学新雅书院："书院简介"，http://www.xyc.tsinghua.edu.cn/publish/xinya/10621/index.html。

与世界基本上等同于社会科学类。

清华大学有部分文科院(系)也采纳了学校设计的通识课程类别，也是上面8类。而与此同时，也有文科院系自行确定了类别。例如社会科学学院将通识课程叫作文理通识课程，分为4类。其中两类都是社会学科，包括社会科学理论基础和社会科学研究方法。经济与管理学院也与之有相似之处。这些课程基本上是来自各个院(系)原有的课程，而不是单独设计的。

从清华大学已经开设的文化素质课程[新雅书院之外的院(系)适用]来看，只有清华大学经济与管理学院的课程设置看上去有顶层设计的思路，有通识教育理念的支持，其他课程事实上还是旧培养模式下的通选课课程。例如，清华大学社会科学学院设置的社会科学类通识课程包括社会科学理论知识和社会科学方法论两大类，前者包括政治学概论、社会概论、经济学原理、心理学概论、科学社会史、社会科学经典著作研读，后者包括社会科学统计学入门、社会调查与研究方法、心理学研究方法、博弈论基础、社会科学方法论。清华大学经济与管理学院的社会科学类通识课程包括社会学概论、政治学概论、心理学概论、社会网分析。显而易见，这两个学院将通识课变成了必选课。

(三) 复旦大学

复旦大学本科人才培养目标为“十六字方针”，即“人文情怀、科学精神、专业素养、国际视野”。其通识教育的基本理念是培养学生对人类文明多样性的理解能力、对现代性社会基础性框架的认知能力、对中国文化与智慧的体悟能力和对科学方法论和批判性思维的把握能力。

复旦大学本科课程由通识课程、大类基础课程和专业教育课程三大板块组成。此外，各专业还设置了一定数量的任意选修学分，供学生自行选修。通识教育主要由通识教育核心课程和选修课程、专项教育课程、书院新生研讨课程和暑期国际课程组构成。为保证通识教育核心课程的教学效果，学校要求核心课程须具有“体验性、实践性、讨论性”等特点，突出经典研读、实践体验、讨论交流等特色，并做出相应的制度安排①。复旦大学要求学生修读总学分为130到150学分，其中通识课程(包含核心课程与选修课程)学分约为18学分。

复旦大学将通识教育核心课程划分为七大模块，分别是："文史经典与文化传承"模块(关于中国文学和中国历史方面的经典研读课程)、"哲学智慧与批判性思维"模块(关于中国哲学、西方哲学和宗教经典研读课程)、"文明对话与世界视野"模块(关于西方文明及其他重要文明的研讨性课程)、"社会研究与当代中国"模块(关于社会科学经典导读、社会科学研究方法等课程)、"科学探索与技术创新"模块(关于科学与技术的思想基础与历史过程的研讨性课程)、"生态环境与生命关怀"模块(关于环境与人类生活的关系以及人类生命的科学与伦理问题的研讨性课程)和"艺术创作与审美体验"模块(艺术实践类课程，包括艺术鉴赏与艺术创作)。

相对而言，复旦大学更加重视基础文科和基础理科的学科精神在通识教育中的作用。七大模块之中，涉及人文学科的模块有三个，即"文史经典与文化传承"、"哲学智慧与批判性思维"以及"文明对话与世界视野"。"社会研究与当代中国"模块则是社会科学类课程，其宗旨是通过对社会科学理论的介绍以及适当的社会科学方法的训练，培养学生能够运用科学、理性、批判和比较分析的能力，使用社会科学的视角去审视中国和世界的能力。这个模块包括社会科学经典导读、社会科学研究方法、政治与社会、经济与社会、法律与社会、传播与社会等课程。由此可见，复旦大学的社会科学板块兼顾了一般性的学术学理(方法论层面)、重大社会关切(问题导向)和经典文献三个方面。

关于基础理科，七大模块中的"科学探索与技术创新"模块与"生态环境与生命关怀"模块属于自然科学类。"科学探索与技术创新"模块让学生从宏观的角度来领略科学的方式和探索精神，它包括5个基本课程单元：逻辑与数学思想、物理的致知和致用、化学与社会文明、工程理念与技术创新、科学技

① 参见庞海芍：《通识教育：困境与希望》，北京理工大学出版社2009年版，第249~251页。

术及其思想发展。"生态环境与生命关怀"模块体现现时代对生命的尊重和生态的挑战，它包括4个基本课程单元：生命的起源与进化、人类生命关爱、生命与社会、生态文明。要求选修与理工医科相关的课程学分6学分，占通识课程总量的三分之一。

复旦大学通识教育特点主要有三个方面：一是建立了核心课程PL(Principle Leader)制，即聘请核心课程责任人，并由其统领课程建设小组成员共同实施、优化课程教学与建设；二是建立核心课程助教制度，从在读硕士、博士研究生或青年教师中为每门核心课程聘请了1~2名助教，在主讲教师的安排下随堂听课、协助教学管理、辅导学生、组织讨论课等；三是实行核心课程讨论班制度，讨论班以小班教学为主，每班人数不多于20人，每次不少于2课时，每个学生每学期至少参加一次讨论。一般而言，每门核心课程的选课人数在60~100人，讨论课将学生分成若干小组，由助教协助进行①。

复旦大学通识课酬的发放标准及发放方式有可借鉴之处：通识课程的课酬是专业课的三倍，其中三分之二直接发给授课教师，三分之一发给授课教师所在院(系)。

(四) 中山大学

中山大学从2009年开始有步骤地在全校推行通识教育核心课程计划，希望通过通识教育这一杠杆不断推进和完善本科教学体制改革和机制创新，真正达到"厚基础、宽口径、利交叉"的本科教学体制，全面提升学生的整体素质。

中山大学要求全校文理工科全日制普通本科生必须在本科阶段修满通识课程16个学分(其中修读通识教育核心课程12个学分、通识教育一般课程4个学分)，并对不同学科学生的学分修读要求作了明确的规定。新设计的通识教育核心课程分"中国文明"、"全球视野"、"科技、经济与社会"和"人文基

① 参见孙向晨：《直面通识教育的内在张力——复旦核心课程新一轮改革的再思考》，《通识教育评论》2015年第1期，第42~56页。

础与经典阅读”四个大类，四类课程都要求学生在本科一、二年级完成。其中“中国文明”大类，包括中国古今的哲学、文学、历史、经济、政治、法律等相关课程。“全球视野”大类，开设课程包括世界体系与资本主义、宗教信仰与国别冲突、国际法等。社会科学类的课程包含“科技、经济与社会”和“全球视野”两大模块，设置课程有国际制度与国际组织、比较经济政治体制、现代世界体系理论与资本主义、国际法热点问题、当代政治、公民社会、人文地理学、社会学面面观等。显而易见，博雅学院的社会科学类课程设置是有问题导向的，立足于当代社会重大的关键性问题而设置，学术与学理的方法论部分则被分割到了各个问题中。

为确保通识教育核心课程计划的有效实施，学校成立了“三位一体”的“人文高等研究院”、“博雅学院”和“通识教育部”，共同探索将“通识教育”与“博雅教育”结合起来的路径，吸引并充实从事通识教育的一流人才。通识教育部为学校通识教育的主管机构。中山大学还成立了“大学通识教育指导委员会”、“通识教育专家委员会”，从组织上保障通识教育的有效开展①。

此外，中山大学还推行博士助教制度与小班讨论等先进的教学方式，确保通识教育核心课程计划的高质量开展，并建立严格的通识课程审批制度、规范的课程管理制度和有效的质量监控体系，注重教师的通识教育观念培训。

（五）浙江大学

自2006年起，浙江大学正式将通识课程作为学校三大课程体系（通识课程、大类课程和专业课程）之一，纳入本科人才培养方案，秉承浙大“以人为本、整合培养、求是创新、追求卓越”的教育理念，实施“厚基础、宽口径”的通识教育、大类基础教育与自主性、个性化专业培养相结合的培养模式。

浙江大学通识课程分为通识核心课程和通识选修课程两类，学分占总学分近三分之一。通识核心课程包括历史与经典类的孔子与论语、东方文明史、中华文明史等课程，文学与艺术类的唐诗经典研究、中国古代小说鉴赏、圣

① 参见：“中山大学通识教育”，http：//www. sysu. edu. cn/2012/cn/jyjx/jyjx01/index. htm。

经与文学等课程，哲学类的希腊罗马哲学、现当代西方哲学、当代科学哲学等课程，社会科学类的性别与社会、文化人类学、宪法与民主等课程以及自然科学类的生命科学、化学与人类文明等课程，共有43门课程。通识核心课程实行助教和小班化制度，即每周一次大班上课加一次小班讨论课，讨论课由助教负责进行。

浙江大学通识教育的特色是竺可桢学院和本科生院内部成立的“求是学院”。“求是学院”按大类招生，入学后用一年至一年半的时间学习通识课程，共有思政类、军体类、外语类、计算机基础类、导论类、历史与文化类、文学与艺术类、经济与社会类、沟通与领导类、科学与研究类、技术与设计类十一个大类①。

竺可桢学院成立于2000年，是实施英才教育、培养优秀本科生的重要基地。学院以“为杰出人才的成长奠定坚实的基础”为宗旨，实施哲学思想教育、数理能力训练等本科全程培养的卓越教育计划②。竺可桢学院选拔优秀新生在基础阶段“不分专业，打通培养”，学生进入该院后，第一学年不分专业，先在文、理、工三大类平台上进行通识教育和基础课程的前期培养，第二学年再确认主修专业，进行后期培养。竺可桢学院采用“3+1”的教学模式，“3”包括通识课程、大类专业基础理论课程、专业模块课程；“1”是个性化课程，学生可在全校范围内根据需求自由选择课程。

（六）南京大学

为进一步推进通识教育的办学思想和教育理念，2006年南京大学将基础学科教育学院更名为匡亚明学院。匡亚明学院“大理科”人才培养模式以培养具有良好科学精神、人文素养、宽厚学科基础、突出创新能力的拔尖人才为目标，以宽口径、厚基础、近前沿、国际化为途径，实现“大类招生、学科群

---

① 参见：“浙江大学求是学院概况”，http：//bksy. zju. edu. cn/qsxy/redir. php？catalog_id = 708732。

② 参见：“浙江大学竺可桢学院简介”，http：//ckc. zju. edu. cn/chinese/redir. php？catalog_id = 50011。

打基础、一级学科分流”的教学模式。

南京大学提出“三三制”人才培养模式，即打造“通识通修类、学科专业类、开放选修类”三类课程模块，设计“大类培养、专业培养、多元培养”三个培养阶段以及“学术专业类、交叉复合类、就业创业类”三条个性化发展路径。学生入学的前两年以“大类培养、通识通修”为主。

南京大学的通识课程分为七大单元：“科技进步与生命探索”、“中国历史与民族文化”、“世界历史与世界文明”、“价值观与思维方法”、“经济发展与社会脉动”、“文学艺术与美感”和“跨文化沟通与人际交往”。

在中国大学通识教育联盟成员的十所高校中，南京大学通识教育的特色是“悦读经典计划”①。该计划着重培养学生的阅读能力和阅读习惯，分为三个模块：一是“研读”模块，如“经典研读课”、“经典研读 MOOC”；二是“导读”模块，即导师、名家或校友为本科生提供阅读指导，开展系列读书讲座和沙龙活动；三是“悦读”模块，指“悦读书社”学生社团活动、读书节、师生共同开展的主题活动等，营造校园读书氛围。

作为通识课程，“悦读经典”计划又分为“文学与艺术”、“历史与文明”、“哲学与宗教”、“经济与社会”、“自然与生命”、“全球化与领导力”共六大知识单元，每单元列出 10 本经典书目，以每本经典为中心形成或组建一个经典导读班，由一位导师领衔，一位助教辅助。

（七）厦门大学

厦门大学通识教育主张回归教育本质，即“人”的教育，旨在培养学生健全心智、健康人格、严谨思维与博爱胸怀，强调独立思想、学术规范，注重人文、教学与科研相结合，以打破学科堡垒，解放僵化思维，开启自我的扩散性、变通性和创新思维。

厦门大学通识课程主张以“人”为本，课程设置主要以人文学院与艺术学

① 参见：“南京大学‘悦读经典计划’”，http：//njdxydjd. mh. libsou. com。

院为依托，以人文学科为基础，融合其他学科力量，以开阔学科视野①。人文学院开设70%以上课程，由人文学院开设的核心课程有：跨界·对话、“周”游列国：中国人开眼看世界、人文经典导读和人文大讲堂等。由艺术学院开设的核心课程有音乐的观念等。课程设置打破学科分野，课程主题既有人文经典解读，又有历史文化探究；既有公共知识的普及课，又有问题导向的专题课。跨界·对话课程邀请不同学科领域的知名学者、专家以对谈形式展开专业视角下的解读和批判，以培养学生跨学科思辨能力。

在通识联盟成员的十所学校之中，厦门大学通识教育的特色是“通识国学”。“通识国学”基本课程分为两大系列：“一般文化讲读”与“经典讲读”。这两大系列涵盖儒家、道家、中国佛教(禅宗)以及具有福建地方特色的朱子文化等。此外，厦门大学还推出了闽台文化、闽南方言与文化等地方文化系列课程。厦门大学将国学引入通识教育，向学生普及中华文化经典和精华，对于我们建构“武大通识 3.0”有着重要的启迪意义。

(八) 重庆大学

重庆大学的理工科优势明显，从历史上看，学校在专业设置、课程体系与教学组织方式上有着较为强大的专业主义、科学主义的传统，重视学生专业知识基础和实践操作能力。21 世纪以来，重庆大学意识到学生综合能力与素质培养同样不容忽视。学校于 2012 年提出“构建以创意、创新、创业能力培养为特色的大学教育体系”，这一体系以“通专融合”为宗旨，将人才培养分为通识教育阶段、专业教育阶段、个性化教育阶段和研究生教育阶段共四个阶段。

不同于大多数高校在低年级开展通识教育、高年级开展专业教育和研究型教育的以阶段积累为主要特征的“叠合模式”，重庆大学采取“通识与素质教育”、专业教育、研究型教育协调同步发展、贯穿学生整个学习生涯的“楔形

① 参见：“厦门大学通识教育中心”，http：//liberal. xmu. edu. cn。

模式”。即首先在修读时间上，将“通”和“专”置于融合而非独立的位置；其次在课程设置上，将“通”逐步纳入培养方案之中，从而更好实现通识课程与专业课程的相互补充和渗透①。

重庆大学的通识与素质教育课程体系呈现出“板块化”的特点，由人文学科类、社会科学类、科学技术类、创新实践类共四大板块构成。在人文学科、社会科学两大板块的通识课程设置上，重庆大学另辟蹊径，探索出文科基础研究、文科实验班建设与服务全校的通识课程建设相结合的模式。学校于2011年成立“人文社会科学高等研究院”(简称“高研院”)，下设六个研究中心(文学与文化、史学、哲学、古典学、人类学、政治经济法律)，为全校本科生提供优质的通识课程。此外，高研院还进行“文科实验班”的专业教学探索，建立与高研院“二位一体”的本科学院——博雅学院，并在中文、哲学、法学等学科领域开展研究生教学。如通识核心课程——大学国文通过经典名篇阅读讲解、小班讨论等方式，让学生体会历史情境，直接与先贤思想产生共鸣，从而加强学生对中华传统文明的了解和认同。

在科学技术、创新实践两大板块的通识课程设置上，重庆大学致力于探索科学技术与人文社科的交汇和融通，挖掘科学技术所蕴含的人文艺术内涵及价值，如建筑中的结构艺术、地学景观文化、生命科学与人类文明等课程，均试图在“融文于理”、“融专于通”的道路上进行有效探索。

以上介绍了北京大学、清华大学、复旦大学等八所高校的通识教育理念及实践，从中可以发现，国内高校在通识课程的建设方面主要有以下几个方面的经验。

其一，强调精读文本，特别是对于中西方文明经典的阅读。经典阅读注重培养学生对不同文明中根本问题的思考，弥补专业课程中知识性特点的不足。

其二，注重师生交流，采取小班研讨等形式辅助大班授课。小班研讨的

① 参见杨丹，唐杰：《理工优势类高校的“通专融合”——重庆大学的通识教育实践与思考》，《通识教育评论》2016年第2期，第25~35页。

形式真正关注学生对于问题的思考和交流，形成师生间的良性互动，特别是将原典阅读与小班研讨相结合能够真正切入经典本身和现实世界的关系，达成博雅的教育目标。

其三，建设教学团队，进行教学方法交流和教学质量监控。强调教学团队的建设，加强教师之间的经验交流和学习，注重学生和教师对课程的评价。人文学科在教学形式方面具有多元性，教师的讲授风格、课程内容的设置以及对知识本身的理解都相对灵活，教学团队有助于教师之间的互动和学习，也能够让学生体验多元化风格的课程。

从上述八所高校的通识教育之中，我们还可以在通识课程的设置方面得到如下启示：

其一，根据学科类别设置课程类别，对人文社科和理工科学生制订不同的修习方案，以此形成对本科生的全面培养。

其二，根据教育目标设计课程形式，特别是在人文学科和艺术领域相关的课程中注重从原典出发培养学生的思维和鉴赏能力，课程形式比较多的如经典研读类课程、问题讨论类课程、审美实践类课程等，以全方位、多元化的方式培养学生。

其三，发挥学科优势，合理配置课程比例。北京大学和复旦大学，这两所综合性大学的通识课程配置，从“领域／模块”数量到“核心(一般)课程”数量，人文学科类占了半壁江山，这也与北京大学和复旦大学的文科具有传统优势密切相关。

第四，通识课程在教学形式上重视知识与问题的结合，强调成“才”教育和成“人”教育的贯通。

此外，就社会科学模块的通识课程来看，国内各个高校在通识课程模块中，社会科学板块都是一个重要部分，但不同高校在课程设计理念上略有不同——有些侧重于学术和学理，更注重深度；有些则简单地直接教授理论知识，更注重广度。从这些学校的实践中，我们在社会科学板块课程设计上得到的启示有如下几点：第一，应该将学术、学理和知识范围结合起来以兼顾广度和深度；第二，应着眼于当代社会的重大关切来设置课程，为学生提供一套理性的、科学的思维模式和分析方法；第三，应该全程训练学生的阅读理解能力和写作表达能力。

三、我国港台地区大学的通识教育

（一）香港中文大学

武汉大学通识教育中心全体成员于 2017 年 6 月 12 日至 16 日考察了香港中文大学的通识教育，此次考察主要包括以下三项内容。

第一，访问通识教育部，与梁美仪主任、王永雄副主任、彭金满高级讲师等座谈通识教育的理念建构、课程设计、课堂教学、质量管理、教学研究等。

第二，与敬文书院代表杨纲凯教授座谈“现代大学为何需要书院”以及敬文书院通识教育的内容和特色，会后，我校通识教育中心成员还参观了敬文书院。

武汉大学通识教育中心成员考察香港中文大学敬文书院

第三，观课两次，一次是导读课，另一次是讨论课。导读和讨论的文本都是《与自然对话》中的遗传学经典詹姆斯·沃森的《DNA：生命的秘密》。

香港中文大学的通识教育融合中华人文精神与西方博雅传统，堪称香港高校通识教育的典范。通识课程的目标在于开阔学生的知识视野，使他们认识不同学科的理念和价值。通识课程体系设计为四个知识范畴：中华文化传承，自然、科学与科技，社会与文化，自我与人文。要求所有本科生必须修读一定的学分，在每个范围内至少选修一科。

从 2012 年开始，香港中文大学增加了通识教育基础课程，以小班授课的方式导读经典，分与人文对话和与自然对话两门必修课，内容结合科学与人文，融通古今，让学生透过经典，反省人类恒久关注的问题。所有一年级学生必须修读这两门通识教育基础课程①。

书院通识教育是香港中文大学的一大特色。学校创建之初，是由三所书院组成的联邦制大学。此前，各书院均有自己的教育抱负：崇基书院：发扬基督精神，引进西方文化，促进中国之现代化；新亚书院：振兴中国传统文化、为中华民族寻求新出路；联合书院：推动中西文化交流，适应世界潮流变迁②。各书院按其文化背景及理念，为学生提供各具特色的通识课程，除了正规的通识课程外，各书院还有专题讨论、周会、月会、舍堂讨论等丰富多彩的活动，强调学生的参与、分享及交流。在课堂教学之外训练学生的通识素养。

香港中文大学的通识教育，有以下五点值得我们学习或借鉴：

1. 学校管理的专门性

香港中文大学对全校通识教育的管理可以概括为“三专”：专门的机构——大学通识教育部；专职的教师和管理人员——专任教师 27 人和专职管理人员 13 人；专设的不同类型的通识课程——基础通识(即“两大对话”)、书院通识和大学通识。通识教育部不仅负责“两大对话”的讲授，还负责对书院

① 参见梁美仪：《理想的教育与通识教育课程》，载香港中文大学大学通识教育部主编：《与人文对话》上册，香港中文大学出版社 2016 年版，第 7~13 页。

② 参见：“香港中文大学通识教育”，http://www.cuhk.edu.hk/chinese/admissions/general-education.html。

通识和大学通识两类课程的准入审批和质量评鉴。

2. 以“生”为本的一贯性

这次对香港中文大学通识教育的考察，我们有一个很深的感受：通识教育的上上下下和方方面面都是以学生为本，从课程设计到课堂教学，从课程审核到质量评鉴，从书院通识教育到学系通识教育，从经典导读到小班讨论……真正体现了以“生”为本、以学生学习成果为本的通识教育理念。比如，全校必修的“两大对话”的目标，就是培养学生的三大能力和习惯：一是阅读的能力和习惯，二是讨论的能力和习惯，三是写作的能力和习惯。

3. 师生身份的双重性

香港中文大学的本科生是双重身份：既是书院的学生，又是专业学系的学生。打个比方，书院是他们的妈妈，专业学系是他们的爸爸。老师也是双重身份，既是书院的教师，同时也是专业学系的教师。对于学生而言，在书院住宿，不同专业的同学住在一起，这本身就是通识教育的最佳环境。对于教师而言，双重身份，使得自己真正能够既教书又育人。

武汉大学通识教育中心主任李建中教授向香港中文大学通识教育部赠送精品通识教材

4. 质量评鉴的有效性

香港中文大学任何一门通识课程，开课之初均要求学生填一个表，结课之时学生要填同样的表，然后将两个表中的数据一一比对，从中看出学生的收获和进步。香港中文大学通识教育部不仅负责基础通识课“两大对话”的教学，而且负责全校通识教育的质量管理。就后者而言，它有专门的教师负责质量管理的理论研究、模型建构和具体实施。而质量管理的核心是看学生的收获和成绩，比如香港中文大学通识教育部每学年都要举办一次“通识教育优秀论文奖”，分“两大对话”评选出金、银、铜三个级别的奖项。

5. 课程设计的多样性

香港中文大学的通识课程分为三类：基础通识课程、书院通识课程与大学通识课程。基础通识课程(即著名的“两大对话”)6 学分，由大学通识教育部提供；书院通识课程 6 学分，由各大书院提供并同时开展大量的课外活动；大学通识课程包括四大领域(中华文化传统；自然、科学与技术；社会与文化；自我与人文)计 9 学分，由各个学系提供，大学通识教育部负责课程的准入审查和质量评鉴。

(二) 香港岭南大学

香港岭南大学是一所典型的博雅学院，是亚洲十大博雅学院之一。据香港岭南大学中文系主任汪春泓教授介绍：香港岭南大学学校规模小，在推行通识教育方面具有得天独厚的条件。全校仅有教师 200 人，学生 3000 人，师生比例是 1∶15。学生全部住校，教师办公室对学生开放，教师热情接待学生，关心学生，教师兼职做学生宿舍的舍监。香港岭南大学教师与学生的关系非常融洽，在香港地区有“岭南一家亲”之美誉。

香港岭南大学开办的本科课程涵盖人文、商学和社会科学三大范畴，课程内容广泛，包括通识教育和跨学科课程，旨在让学生拥有扎实、广阔的知识基础。其课程设置以核心课程和通识课程相互补充。核心课程是本科生课程的重要组成部分，在本科生的 120 学分中占重要比例，分为共同核心及五大范畴。其设计全面，贯穿各知识及价值层面的不同领域，透过跨领域的学科范畴，使学生得以建立全面均衡的知识基础，且着重培养了学生的人文精神。

除核心课程外，核心课程及通识教育办事处也会举办各类课外活动，例如电影播放、讲座和研讨会等，均涉及不同主题，以扩展学生的知识领域。此外，香港岭南大学于2014年成立了科学教研组，由核心课程及通识教育办事处管理，致力于为核心课程提供各类科学课程，以培养学生对科学知识的探索，通过开办正规课程，举行公开讲座以及建立校园、社区之间的互动交流，使学生对科学领域有更加深入的了解①。

值得注意的是，香港岭南大学的通识教育相当注重与教学相关的科技。香港岭南大学认为，在如今社会，教学上利用资信及通信科技已趋于普及，并在不断发展。电子学习对学生产生重大影响，包括他们在社会、学术和专业等不同层面的学习经验。因此，香港岭南大学通过“教与学中心”、图书馆和资讯科技服务中心，对资讯和通讯科技的应用提供了大量支持②。

（三）台湾地区四校(台湾大学、中原大学、逢甲大学和大叶大学)

武汉大学通识教育中心全体成员于2017年11月13日至17日访问台湾地区，主要考察并与台湾地区四所高校(台湾大学、中原大学、逢甲大学和大叶大学)进行了通识教育交流。此次考察与交流主要包括三项内容：

第一，通过交流参观，学习通识教育经验。首先，我校通识教育中心成员与逢甲大学教务长兼通识教育中心主任王葳教授交流两校通识教育心得。其次，我校通识教育中心成员考察了中原大学的通识教育，并与该校通识教育中心主任黄信二教授交流经验，参观全人村(中原大学通识教育中心的教学及行政大楼)。再次，考察台湾大学通识教育中心和教师发展中心，听台湾大

① 参见：“岭大的博雅教育”，http：//www. ln. edu. hk/chs/teaching-and-learning/lingnan-s-liberal-arts-education/curricula。

② 参见：“博雅教育相应教与学科技”，http：//www. ln. edu. hk/chs/teaching-and-learning/teaching-and-learning-technology-in-a-liberal-arts-environment。

学副教务长、共同教育中心副主任、台湾通识网主管康仕仲教授介绍台湾大学通识教育的历史与现状；听台湾大学教师发展中心教学组组长黄尹男教授介绍台湾大学教师发展中心的组织机构、日常运作及工作成效；参观台湾大学博雅教学楼。最后，通过访问台湾大学文德书院，我校通识教育中心成员与台湾地区通识教育学会前任会长黄俊杰教授和现任会长庄荣辉教授交流经验，参加交流的还有复旦大学、北京理工大学和陕西师范大学等高校从事通识教育教学和管理的老师。

第二，通过参加研讨会，交流通识教育理念。我校通识教育中心成员参加了台湾"2017 年第一届大学通识教育深耕创新与超越研讨会"，黄明东教授、李建中教授和潘迎春教授作大会发言。

第三，通过观课，深入了解台湾通识教育。我校通识教育中心成员观摩了台湾大学陈峙维教授的通识课——全球音乐文化 · 非洲 · 音乐即生活，感触良多。

武汉大学通识教育中心成员参观台湾大学博雅教学馆

武汉大学通识教育中心成员参加“2017 年第一届大学通识教育深耕创新与超越研讨会”

台湾地区的高校从 20 世纪 80 年代开始推行通识教育，在 30 多年的历程中积累了丰富的经验。台湾地区的大学，无论规模大小，也无论公立或私立，每一所学校都有通识教育中心，而且是由学校的副校长或教务长兼任。通识教育中心有专任教师和专职行政管理人员。比如，台湾大学通识教育中心有 60 多人。中原大学通识中心共有 20 位专职教师、5 位行政工作人员，负责全校的通识课程设计和日常管理。中原大学本科生的通识教育学分共有 34 个，而全校学生人文素养的教化熏陶皆由通识教育中心一肩扛起，为此通识教育中心精心设计课程，规划出全人化通识课程体系，协助学生培养兴趣、寻求自我，成为一个身、心、灵均衡发展的全人。

除了课堂知识，通识教育中心还筹划各种通识活动，丰富并补充课堂教学，触发学生继续探索的动力，更加丰富了学生的通识涵养。如在台湾中原大学，通识活动由早先的单一性、辅助性，转变为多元化、主题化。例如早期的“电影文学周”，即是希望通过电影的辅助提升学生对于文学的热忱与喜爱。现今通识教育中心将电影与文学这两个元素各自独立，使电影与文学各成主题，举办“与文学相遇”、“系列影展”等活动，大力拓展活动形式，期望吸引更多学生的目光，与课堂知识成相辅相成之效。此外，几乎每一星期都有多姿多彩的通识活动，如音乐、戏剧、演讲、表演等，学生可自由选择参与，沉浸在人文艺术的美好氛围中，开拓心灵视野，培养人文素养，从而化育出博雅的情操与胸怀。

以中原大学为例，通识教育呈现出社区化、互联网化、情境化和学程化等特点。首先是社区化，中原大学通识教育中心也期望将“全人”教育的理念散布至社区邻里、各大学院校，甚至是社会上的每一个角落，因此所举办的活动皆对社区民众免费开放。希望通过艺文活动的熏陶，无形地将“全人”教育理念散布至社区的各个角落。其次是互联网化，社会的跃进随着数位时代的来临而一日千里，人、事、物的接触不再受到距离的局限。通过数位化，信息的发散更能深入各地。鉴于此，中原大学通识教育中心成立了独树一帜的“全人发展网”，一方面利用“全人发展网”将所有活动信息传送到更多、更远的地方，另一方面借由线上活动的举办来吸引现下惯常于通过电脑或其他数位产品沟通的年轻学子，使得通识活动更加贴近生活，容易亲近。再次是情境化，教育最成功的方式不在课堂，而是融入生活，潜移默化。因此中原通识教育中心于校园内各个角落布下“种子”，期望能够“生根发芽”。教室内标语箴言，公共区域中飘扬乐音，甚至是无声的花树植物，无时无刻不散发出信息，强化“全人”教育理念。最后是学程化，在前人辛苦的开拓与完善的规划下，中原大学的通识教育有着稳固的根基。未来，中原大学除了继续精进课程的品质，也期盼在课程的规划上有更进一步的整合，例如成立跨领域学程，帮助学生扩大知识基础，使学生更具发展潜力。

另外，台湾地区通识教育学会每年举办年会，开展专题式研讨会，本次我校通识教育中心成员参加的“大学通识教育深耕创新与超越”就是一次专题式的研讨会。台湾地区还创办了《通识教育评论》和《通识在线》等专门刊物，发表相关研究及实践成果，在国际高等教育界有较好的学术声誉。总之，台湾地区的通识教育在理论建构、运作模式、课程设计、校际交流、学术研讨等方面都是成熟而有成效的。

概括起来说，台湾地区的高校通识教育在通识课程培养目标方面已经达成共识：通识教育不止于介绍知识，而是致力于全方位培养综合能力，所谓“综合能力”又可以包括以下四个方面：

第一，阅读和写作能力。台湾大学主管通识教育的副校长郭鸿基先生在一次通识论坛上指出：写作是最高阶的思维。大学通识教育要重视学生的表达能力尤其是书面表达能力的培养和训练。写作能力包括三个层面，第一个层面是典雅而规范的中文写作能力(包括现代媒体下各种文体的文字处理能力)，第二个层面是科研论文的写作能力及写作规范，第三个层面是所在学科的写作能力和写作规范。

第二，挖掘与整理文献和资料的能力。中国内地的大学生常常到了大四要写毕业论时候，还不知道怎样去查找相关文献和资料。这当然不能责怪学生：中学六年，忙于应付高考，根本没有经过学术训练；进入大学之后，也没有这方面的课程。因此，通识课程的设计和讲授，应该为学生补上这一课。

第三，以科学的方式提出有价值的问题的能力。孔子讲“疑思问”，培养学生的问题意识并提高学生敢于和善于提问的能力，也是通识教育的题中之义。训练学生在课程所在学科的规范研究框架下敏锐地发现问题并将问题公式化以便展开分析。

第四，自主学习能力。通识教育要“以生为本”，要有意识地培养学生的自主意识和独立意识，提升学生自主学习的能力。学生能够在老师的引导下自主进行理论知识的学习，在学习中培养该课程所要求的提出问题、分析问题和解决问题的能力与技巧。

通识课程的入选标准也是值得重视的一个问题，哪些课程应该入选通识课？哪些课程不应该入选？我们在调研中发现，台湾地区的高校在这个问题大体遵循两个标准：

第一，专业代表性。入选通识课要么能反映本学科所具有的一般科学性质——即课程所用到的科学方法不只是该专业特有，也是整个社会科学所共有的；要么能反映该学科特有的研究思路。也就是说，课程应该是重深度而不是广度，不能把课程建设成知识介绍性的综述课程。

第二，专业深度。侧重提出问题、解决问题的规范框架与方法，授人以渔而不是授人以鱼。课程应该将所涉及的研究内容置于所在学科的分析框架下讨论，而不应过多地强调研究的内容；课程应更多强调研究过程，而不是作为研究结果的理论原理。通过开设通识课，培养学生对所涉学科形成特有思维视角并掌握其具体研究方法。

台湾地区四所高校(台湾大学、中原大学、逢甲大学和大叶大学)的通识教育，有以下三点值得我们学习或借鉴。

1.“深碗课程”

这次在台湾地区四所高校(台湾大学、中原大学、逢甲大学和大叶大学)考察、交流的三天，及参加通识教育研讨会的两天里，听到最多的一个词是“深耕”，意谓通识教育如何在现有的基础上掘进和拓展。台湾地区通识教育学会现任会长、台湾大学生科院教授庄荣辉在他的大会主题发言中，将“深耕”概念坐实为通识课程的“深碗”。“深碗”是建立在对“浅碟”的反思及批判的基础上的。所谓“浅碟课程”，是指那种教师一讲到底而不管学生听或不听，更无研讨或互动的课程；与之相对，所谓“深碗课程”，是在课程即有的学分上再加上1或2个学分，加上去的学分全部属于“非讲课的学习”：1个学分用于助教讨论课，1个学分用于习题演讲或作品创作等。“深碗课程”的关键是增加并强调学生的自主学习，培养学生解决问题的能力、批判性思考能力和创意及创造能力。其具体的做法是在教师讲授之外，增加两项“非讲课学习”的内容：一是由助教主持的小班讨论课，二是学生的主题演讲或作品创作。

在“深碗课程”中，慕课者满载而归，翘课者逃无可逃，混分者难以为继。大家别无选择地踏踏实实预习，认认真真讨论，扎扎实实写论文。长此以往，修课的同学由原来的所知甚“浅”变成所得甚“深”，“浅碟课程”也就变成“深碗课程”了。

就武汉大学现有的通识课程(即“武大通识2.0”版课程)而言，没有师生互动更没有小班研讨的或可视为“浅碟课程”。我们正在尝试将“浅碟”改造为“深碗”，比如历史学院潘迎春教授的简明世界史和文学院李建中教授的中国文化概论已经试行小班研讨，效果良好，受到学生欢迎。

武汉大学通识教育中心副主任潘迎春教授在研讨会上发言

2. 助教文化

前述“大班授课、小班研讨”不仅是“深碗课程”的标配，而且是全球通识教育的经典模式；在这个经典模式的运行过程之中，有两个非常重要的因素：助教与新师(新入职的教师)。

在这次考察中我们发现，台湾地区的高校有悠久的“助教文化”，专业课有助教，通识课更有助教。所谓“助教文化”包括三大内涵：一是学校对助教不仅有长效而且严格的培训机制，而且有经常性的和大幅度的奖励机制；二是助教在通识课程的教学中扮演着举足轻重的角色；三是在校硕博士研究生将担任助教当作自己极好的锻炼机会和极高的荣誉。

以台湾大学为例。每学期开学的前一周，台湾大学的新任助教必须参加认证研习会，分享“以同侪学习为理念”的经验，学习“协助新手上路”的主题课程。台湾大学非常重视通过训练助教来提高通识课程的质量，因而要定期对助教进行业务考核，考核内容包括：作业评分、多媒体运用、冲突管理、沟通表达、时间管理、提问技巧共六个方面。学校不仅给予助教较高的薪酬（硕士生和博士生每月分别是6000新台币和8000新台币），而且每年还要评选优秀助教，分金、银、铜三个级别给予奖励和荣誉。

台湾地区的高校十分重视对新入职教师的通识理念培训。比如台湾大学教师发展中心，在每年开学之前，将本年度新入职的教师组织起来，到台湾地区著名的风景区溪头进行一周的训练。训练期间，校长、教务部门负责人、资深教授作报告，向新教师介绍本科教育及通识教育的政策、规定、奖励和经验。这种“溪头培训”，使得新教师在进入专业院系之前，就对本科教学以及通识教育有了全面而深入的了解，这对于他们将来的教学工作是非常重要的。可以说，在台湾地区已经形成了“助教文化”和“新教师训练营文化”。

武汉大学的通识课程，在试行小班研讨的同时，已经开始了助教队伍的建设。通识教育中心编印了《武汉大学通识课小班研讨助教手册》，对助教的遴选、培训和考核作出了具体规定，对助教工作的职责、内容和技巧也提出了建设性意见。2017年11月初，本书主编李建中教授曾为武汉大学研究生“新生训练营”作专题讲座——“孔门四科与黉门助教：如何成为一名合格的助教”。“武大通识3.0”课程全面启动之后，我们将需要数以千计的硕、博士研究生担任小班研讨的助教。因而如何培训助教，如何形成具有武大特色的助教文化，是亟须思考并付诸实践的重要课题。

3.“全人”理念

台湾地区高等学校通识教育的核心理念是“全人”。“全人”这个概念源自美国芝加哥大学。芝加哥大学前校长、通识教育的早期倡导者之一赫钦斯教授认为，通识教育的培养目标不是“人力”（manpower），而是“全人”（manhood）。中原大学人文与教育学院前院长黄坤锦教授在《美国大学的通识教育》一书中对“全人”理念有详细的解读：“全人”教育教给学生的不是某一门 knowledge(知识)，也不是杂乱无章的 information(信息)，而是 wisdom(智慧)。

中原大学首要的教育理念，就在于尊重自然与人性的尊严，寻求天人物我间的和谐。因此，“天”、“人”、“物”、“我”即为中原大学“全人”教育的核心内涵，而其通识课程也是围绕这四个字进行模块设计的。

“天”致力于对终极意义与永恒价值作形而上的思考，注重灵性关怀、生命意义与价值判断等基本素养，包括人生哲学、价值判断与分析、生命与品格典范等课程。“人”致力于理解人类社会中的群体现象与互动原则，关注公民素养、社会关怀、历史思维与多元文化等基本素养，包括生活社会学、法律与现代生活、文化思想史等课程。“物”致力于加深科学思辨能力与永恒关怀，重视自然与科学、科技与文明等基本素养，包括自然与科学导论、科技跨领域与永续发展等课程。“我”借由孕育个人主题经验而产生深度生命意涵，致力于情意与美感、沟通与表达等基本素养，包括文学经典阅读、语言与修辞、艺术鉴赏与自我管理等课程。

中原大学通识教育的“全人”理念，与我校“以成‘人’教育统领成‘才’教育”的核心理念在精神实质上有相通之处。由此而衍生出来的两校通识教育的十六字方针也是相通的：中原大学的十六字方针是“通达天人、识博物我、中而不偏、心有活水”，武汉大学的十六字方针是“博雅弘毅、文明以止、成人成才、四通六识”。

第二章　武汉大学通识教育的历史与现状

作为武汉大学校园的标志性景点，“武大牌坊”的正面镌刻着“国立武汉大学”，背面镌刻着“文法理工农医”：如果说正面六字标举的是这所百年老校的悠久历史，那么背面六字则彰显出这所综合性大学的博雅品质。武汉大学是一所有着120多年历史的综合性大学，历来重视学生综合素质的培养，且具有优良的教育教学改革传统。

武汉大学校门(正面)

就大学通识教育而言，武汉大学是中华人民共和国成立以来最早实施通识教育的高校之一，早在20世纪70年代，武汉

武汉大学校门(背面)

大学就开高校课程选修制之先河，以此开启了通识教育的早期探索。20世纪80年代，武汉大学已经有学者开始通识教育的理论探索及课堂实践。20世纪90年代，在全面推行素质教育的思想指导下，武汉大学的本科教育始终坚持通识教育理念，努力推动通识教育的改革和实践。进入21世纪之后，武汉大学的通识教育在成功地实施了“武大通识1.0”和“武大通识2.0”两个版本之后，于2016年开启了“武大通识3.0”新进程。

一、早期理论探索及实践

(一) 20世纪70年代学分制改革

早在20世纪70年代末，武汉大学就在全国率先实行学分制，开设选修课，为学习成绩优秀的学生提供选修同年级或高年级课程的机会，打破了步伐一致的学年计划，开始了早期的通识选修课程的探索。20 世纪 70 年代以前，我国高校长期实行单一学年制的教学管理制度，教与学比较统一、固定，忽视了学生的个性与才能差异，压抑了学生的学习积极性、主动性和创造性。1978 年，武汉大学从国情、校情出发，对学校教学制度进行了全面改革，推出了学分制。

当时制定并实施的学分制教学方案主要包括两方面内容①：第一，分类设置课程并确定学分。全校各个专业的政治、业务课程大致分为必修课、指定选修课、任选课三类(文科多数专业只分为必修课、选修课两类)。根据综合性大学的培养目标和要求，把需要学生掌握的基本理论、基本知识、基本技能及少部分专门化知识作为必修课内容；根据本专业的要求和特色，把大部分专门化知识及与本专业有密切联系的边缘、交叉、近邻学科知识作为指定选修课的内容；为照顾个人志趣，发展个人才能，学生经过批准可以在系内外以至校外任意选修有关课程。学校固定必修课的学分，在总学分中不得少于 75%；指定选修课的学分，只确定一个最低限额，一般为 15%左右；任选课的学分，最高不得超过总学分的 10%。此外，学校还提倡各系各专业开设专题讲座，鼓励学生听讲和参加讨论，以扩大知识面和培养科研能力。第二，成绩考核及学籍管理。计算学分的所有课程都要考试，成绩采用百分制计分，60 分以上方可获得该课程的学分。学业成绩优秀的学生，修满本专业规定的总学分，可以提前毕业或直接报考研究生。

经过不断改进与完善，到 20 世纪 80 年代，武汉大学教学质量得到明显提升，学分制优势突出。首先，学分制扩大了学生的选课范围，有利于学生的知识能力结构从单一化向多样化发展。如 1981 级学生共 1333 人，毕业时有 532 人被录取为研究生，其中跨一级学科录取 67 人，占录取研究生数的 12. 6%，复合型人才比例明显提升。其次，学分制调动了学生学习积极性和主动性，不少学生学习主动性很强，充分利用时间，发挥创造能力，提早做

① 参见谢红星：《武汉大学校史新编》，武汉大学出版社 2013 年版，第 140~142 页。

出了科研成果。再次，经过学分制改革，武汉大学于 20 世纪 80 年代就开设了大量新的选修课程。如仅 1986 年武汉大学就开设了 300 多门选修课，这些课程的内容大多是教师长期从事教学和科研的先进成果，内容充实新颖。

总的来说，20 世纪 70 年代的学分制改革为武汉大学后续通识教育改革与发展提供了坚实的基础，经过多年的发展，武汉大学积累了丰富的通识课程资源，培养了一批优秀的通识课程教师，为后续开设的通识课程作好了铺垫。

（二）20 世纪 90 年代跨学科人才培养的新尝试

早在 1992 年，武汉大学就开始了跨学科人才培养的新尝试①。当时根据中法双方文化交流合作协定，在法国政府的支持下，由世界经济系、金融系和法语系共同参与创办了中法经济双学士学位试验班，目的在于培养能够运用法语从事涉外经贸工作的人才。中法经济双学士学位班的学生在 4 年里除修满本专业的全部学分外，还必须修满另一专业的主干课程，并且通过论文答辩后方可授予双学士学位。中法经济双学士学位班培养既懂国际经贸实务，又能熟练运用外语交流的"双料人才"，其毕业生深受外企和外贸单位的欢迎。中法经济双学士学位班的教学质量得到了法国驻华领事馆的高度认可和赞许。

1993 年，武汉大学在全国高校中率先创办人文科学理论人才培养试验班（简称人文试验班），开始探索综合培养文科人才的新途径。人文试验班在前两年半打通文、史、哲三学科基础，要求学生除学习政治、外语、计算机基础等公共基础课外，还需要基于文、史、哲三科联系进行统一的基础教育，主要修习人文科学的基础理论课程（如人文科学概论、人文科学方法论、人文科学史、人文科学名著导读、马克思主义哲学原理等 17 门课程）和文、史、哲专业基础课程（如中外通识、中外文学史、中外哲学史及古代汉语、写作等），以厚其基础；后一年半则主要根据学生的志趣，分别修习文、史、哲三个专业方向的专业课程，并允许学生互选不同专业方向的专业课程，鼓励学生修习第二学位课程。由于人文试验班的毕业生文、史、哲的基础较宽厚，

① 参见冯惠敏：《中国现代大学通识教育》，武汉大学出版社 2004 年版，第 209~210 页。

适应面广泛，综合素质高，其成为企事业单位竞相追逐的目标。

此后，跨学科人才培养的试验班，如数理经济试验班、数理金融试验班、世界历史试验班、中西比较哲学试验班、WTO 试验班、七年制法语医学试验班、国学试验班等，在武汉大学如雨后春笋般地涌现，这些试验班按照跨学科打通培养的原则，重新调整教学大纲和课程体系，科学合理地重组学科知识结构，注重培养学生的科学精神、人文精神和创新精神，跨学科人才培养成为武汉大学本科教学一道亮丽的“风景线”①。

（三）举办海峡两岸大学通识教育学术研讨会

20 世纪 90 年代末期，素质教育在全国广泛推行，高等学校也开始关注文化素质教育和通识教育。为了推进大学文化素质教育，推广通识教育的理念，2002 年 4 月 17—18 日，武汉大学隆重举行了“海峡两岸大学通识教育暨大学校长治校理念与风格学术研讨会”。本次会议由武汉大学与台湾通识教育学会共同发起、武汉大学主办，会议到会正式代表 180 余人，收到交流论文 80 余篇。在会上，40 余位代表分别在大会和小组讨论会上作了精彩的发言，大家围绕大会的主题，就现代大学办学思想、理论以及大学通识教育的理论与实践等问题发表了自己的见解②。本次会议的召开受到了海峡两岸各界的广泛关注与支持，时任中国高教学会会长周远清教授、时任教育部高教司司长张尧学教授、时任台湾通识教育学会副会长张一蕃教授、时任中国高等教育学会副会长潘懋元教授等嘉宾莅会并发表了精彩演讲。

本次会议是海峡两岸在内地举行的大规模、高层次通识教育研讨会。由于本次会议在高等教育界的影响，有学者将 2002 年称作中国大学通识教育发展新阶段的起点③。台湾大学黄俊杰教授对武汉大学举办的本次会议给予了高

---

① 参见黄进，胡甲刚：《应对 WTO 培养“三创”型复合人才——武汉大学本科教学改革的探索与思考》，《中国大学教学》2002 年第 7 期，第 29~31 页。

② 参见黄进：《大学理念与通识教育》，武汉大学出版社 2002 年版，第 8~9 页。

③ 参见苗文利：《中国大学通识教育二十年的发展现状及理性省察》，《大学教育科学》2007 年第 4 期，第 84~88 页。

度评价，认为“此次会议无论就会议出席者的层次，还是论文的篇数、所涉及问题的广度和深度，都达到历次会议的最高峰”，“此次会议使我们对这个(通识教育)问题的讨论提到了一个前所未有的高度”。“此次会议把大学通识教育的改革和校长的治校理念及风格这两个事情结合在一起了，这是过去没有做到的。在台湾地区，过去18年来，我们在推动通识教育的过程中，深深感觉到，如果只是一般的教授在那里提倡，是事倍功半的，但如果校长、副校长这种人能一起‘下海’来提倡通识教育，那状况就好像长江三峡‘两岸猿声啼不住，轻舟已过万重山’，就很容易顺流而下。这一次会上有学者在他们各自的发言或论文里面都提到蔡元培校长的治校理念，提到纽曼的大学理念，我觉得将这一类理念重新变立出来并且把它和大学教育、通识教育改革挂钩，我认为有重要意义，在这个上面，我们取得了很高的成就。”①

（四）涌现一批优秀通识课程教材

2003年武汉大学对人才培养方案进行了大幅修改，新的人才培养方案对课程体系进行了全面改革，设置了系统的通识课程。

自新的课程体系实施以来，武汉大学在通识教育教材编写与课程建设方面取得了丰硕的成果②。其中涌现了一大批优秀教学名师，所编写的教材获得诸多奖项，一些课程还获得了国家精品课程的称号。通识课程测绘学概论由6位院士同上，2007年获国家级精品课程称号，2014年获国家级精品视频公开课称号，教材《测绘学概论》获得国家级“十二五”规划教材称号。通识课程西方文化概论2008年获国家级精品课程称号，2011年获国家级精品视频公开课称号，教材《西方文化概论》获得国家级“十二五”规划教材称号。通识课程中国文化概论的教材《中国文化概论》2009年获得中国大学出版社优秀教材一等奖，这门课2014年获得“大学素质教育国家级精品通选课”称号，2017年获得

① 参见黄进：《大学理念与通识教育》，武汉大学出版社2002年版，第10~11页。

② 参见肖安东，漆玲玲，王赟：《武汉大学通识选修课的改革与发展》，《科教导刊(下旬)》2015年第7期，第26~28页。

“国家级精品在线开放课程”称号。通识课程德国大学现代化和西方历史的源头2012年获国家级精品视频公开课称号。通识课程唐诗艺术和微生物的世界2013年获国家级精品视频公开课称号。教材《微生物学》和《走进电世界》获得国家级“十二五”规划教材称号。

（五）武大师生通识教育理论研究

自20世纪90年代以来，武汉大学师生从自己学科专业角度出发，开展了对通识教育的研究，公开发表了一系列通识教育与通识课程相关的期刊论文。我们初步统计了20世纪90年代以来武汉大学师生发表的通识教育与通识课程期刊论文、报刊文章、学位论文与著作，主要成果目录请见附录五《武汉大学通识教育研究成果举要》。

二、“武大通识 1.0”、“武大通识 2.0”的形成

如前所述，武汉大学严格意义上的“通识教育”始于21世纪初，十多年的演进历程大体上可划分为三个阶段：

第一阶段：2003年明确提出“通专结合”并将原培养方案的“公共基础课”改为“通识教育课”；

第二阶段：2013年经过十年建设形成通识教育七大领域、千门课程；

第三阶段：2016年确立“以成‘人’教育统领成‘才’教育”的通识理念，启动四大模块(人文、社科、自然、审美)和三类课程(基础、核心、一般)的重建。

我们将学校通识教育发展的三大阶段可依次命名为“武大通识 1.0”、“武大通识 2.0”、“武大通识 3.0”。

（一）“武大通识 1.0”：2001—2003年

“武大通识 1.0”的完成以2003年《本科人才培养方案》明确提出“通专并

重”为标志，但“武大通识 1. 0”的开启则始于 2001 年 5 月《武汉大学本科教学改革与发展行动计划》。在《武汉大学本科教育改革与发展行动计划》基础上重新修订的《本科培养方案》，进一步拓宽了专业口径，淡化了专业界限，压缩了课内学时，扩大了选修课的比例。学校在人文科学学部、理学部和医学部进行基础课打通培养试点，并逐步合并学科基础相近的专业。部分学院实行按大类招生，在一级学科内的各专业前两年打通培养，统一设置公共基础课程和专业基础课程，拓宽专业基础，提倡文理渗透、理工医结合，多学科交叉培养。

2003 年 5 月《本科人才培养方案》的问世，标志着“武大通识 1. 0”的完成。“武大通识 1. 0”在继续确认“加强基础、淡化专业、拓宽口径”的基础上，将原培养方案中的“公共基础课程”统一改为“通识课程”，本科生的课程结构分为通识课程、专业基础课程和专业课程三大类，通识课程占到课内总学时的 40%~45%。至此，通识课程、专业课程和专业基础课程“鼎足而三”的大格局宣告形成。

“武大通识 1. 0”的通识课程体系分为必修课与选修课。通识教育必修课主要是由教育部统一规定的“两课”、外语、计算机和体育等课程，共 43 学分，约占通识课程总学分的 70%。通识教育选修课程包括指导选修课和任意选修课，共 18 个学分，占通识课程总学分的 30%。其中指导选修课分为人文科学、社会科学、数学与自然科学、中华文明与外国文化、跨学科领域五个大类，每一类中设置一定数量的课程。学生在每个领域至少选修 2 个学分，总共最低修满 12 个学分，其中自然科学专业的学生，在人文社会科学类或者中华文明与外国文化类领域至少修满 4 个学分；而人文社科专业的学生，则在数学与自然科学领域至少要修满 4 个学分。并且学生选修与自己本专业重复或相近的课程所获得学分，不计入通识教育学分。通识教育任意选修课是指未列入通识教育必修课程和指导选修课程的其他通识课程。任意选修课要求学生至少选修 4 个学分或从五大类通识选修课中另选 4 个学分。

“武大通识 1. 0”的成功之处可以概述为三个“精心”：一是精心构建全校

通识课程体系，初步形成通识课程分布选修及学分设计的武大特色；二是精心挑选通识课程主讲教师，始终坚持通识教育的本科教学理念；三是精心设计通识课程建设方案，努力探索通识教育的改革实践。

（二）“武大通识2.0”：2004—2013年

“武大通识2.0”的完成形态是2013年的七大领域、千门课程，而“武大通识2.0”的建设则始于2004年2月的《武汉大学通识教育指导选修课程实施意见》。《武汉大学通识教育指导选修课程实施意见》明确提出通识教育指导选修课程建设的指导思想、课程规划、教学要求和遴选标准等。同年4月，在教师自愿申报、院系推荐的基础上采取公开竞标、学生评价的方式面向全校遴选通识课程，经过多轮评审，最后确定了58门通识教育指导选修课。

在自2004年至2013年的十年之中，武汉大学通识课程的建设逐年发展：2005年立项113门，2006年立项69门，2007年立项76门，2009年立项26门，2010年立项18门，2011年立项45门，2012年立项34门，共计立项建设439门通识教育指导选修课程。项目建设周期一般为3年，建设周期内的课程一个学期至少开设一次。

2013年《培养方案》的问世标志着“武大通识2.0”的完成。“武大通识2.0”对“通识课程”的定义是：面向全体学生而实施的共通课程，力图使学生兼备人文素养和科学素养，培养具有正确价值分析与判断能力，和谐健全人格，并有良好的语言运用与沟通能力、领导能力、管理思维和国际视野的复合型高素质人才。“武大通识2.0”将通识选修课程重新划分为交流与写作类、数学与推理类、人文与社会类、自然与工程类、艺术与欣赏类、中国与全球类、研究与领导类共七大领域。学校在保留2004—2012年立项的通识选修课程的基础上，还将公共基础课程（如计算机、数学、物理、化学）和各院系的专业基础课程纳入全校通识课程体系，制定了新的通识教育选修课程总表，包含近千门通识选修课程。

相较于“武大通识1.0”而言，“武大通识2.0”的成功之处，除了前述的

“七大领域、千门课程、百门精品”之外，还有以下三点创新。

一是“名师战略”。学校“351人才计划”在“珞珈青年学者”、“珞珈特聘教授”和“珞珈杰出学者”三个层次，均设立了“通识教育”专项岗位，每年评审一次。这一举措产生了积极影响，对从事通识教育的教师是一个很大的激励。

武汉大学“珞珈在线”

二是“线上课程”。学校建设具有通识性质的“珞珈在线”课程，现在共有15门课程供在校学生选修，在一定程度上缓解了通识课程“供不应求”的矛盾。

三是“机构设置”。2016年相继成立通识教育委员会、通识教育委员会工作组和通识教育中心，武汉大学从此有了设计、推行并管理通识教育的专门机构。2016年“武汉大学通识教育中心”的成立，标志着“武大通识2.0”向“武大通识3.0”升级的正式开启。

三、校内调研发现的问题及改进措施

自通识教育实施以来，由武汉大学教育科学研究院冯惠敏教授领衔的通识教育课题组分别于2003年、2015年与2016年对学校通识教育实施情况进行了较大规模的调查，报告与反馈学校通识教育进展。

2017年初，学校通识教育中心分四个小组（即课程模块）开展校内调研，到2017年5月底，四个小组共调研了武汉大学六大学部的30个院(系)，与各院(系)主讲通识课程的教师、主管通识教育的院长、教学秘书以及学生代表举行座谈，系统而深入地了解武汉大学通识教育发展情况，共同总结经验，发现问题，为创建“武大通识3.0”做准备、打基础①。

武汉大学的通识教育，从“武大通识1.0”、“武大通识2.0”两个版本的相继完成到“武大通识3.0”的创建，十多年的发展既取得了显著成效，也出现了一些问题。在此根据通识教育中心校内调研所获得的第一手信息，依次从通识理念、通识课程、通识管理以及改进措施四个方面，阐述我校通识教育现有不足即有待加强、有待改进之处。

(一) 通识理念

1. 教师理念

这次校内调研所邀请的对象，主要是长期从事通识课程教学的一线教师，他们出于对通识教育所特有的情感，对这次调研非常欢迎，认为这是一个信号：说明学校主管部门对通识教育的高度重视。但毋庸讳言，在与老师们的交流中，我们也发现，即使是长期从事通识课程教学的老师，对通识教育依然存在认识上的误区：总体上缺乏通识理念，对国际一流大学通识教育的历史及现状、对通识教育的根本性质及主要特征、对武汉大学推行通识教育的紧迫性和必要性等，均缺乏必要的认知和深入的理解。

第一，就通识教育的重要性而言，教师对通识教育的意义不够了解，相当一部分教师将通识教育理解为“通才”教育或基础教育。“通才”教育意味着与“专才”教育的对立，general既可译为“通识”，也可译为“普通”或“基础”，故相当部分的老师将通识教育理解为普及性的专业基础教育或实用性的专业技能训练。相较于人文类和社科类的老师，自然科学类的教师受专业教育影响更大，所打下的专业铭印更深，因而对开展通识教育会有片面理解，基本

① 参见郭贤星：《探寻通识教育最佳路径——写在通识教育中心校内调研之后》，http：//ugs.whu.edu.cn/info/1201/5114.htm。

上认为通识教育就等同于通俗教育或科普教育，是专业教育的补充，更不用说开展什么样的通识教育。如果教师对通识教育的意义没有清晰认识，也就无法建立起以“通识”教育融合“专业”教育的现代理念，其通识课程也必然缺乏经典意识、博雅精神、人文关怀和自由情怀。

第二，就通识教育的实施而言，教师将通识教育局限于通识课程和课堂教学之中，视野有待开阔，思维有待多元。比如大部分教师说起通识教育，就认为是通识课程；或者认为只有讲好了通识课，就是施行了通识教育。听上去有道理，其实是本末倒置，因为这种观念将通识教育简单等同为通识课程，本质上是缺乏通识文化的自觉和自信，缺乏通识教育的国际视野和跨界思维。此外，教师大多将通识教育局限于课堂教学，局限于教师“一站到底”式的单向灌输，缺乏师生互动、教学相长，缺乏融媒体时代线上线下的多元互通。通识教育之“通识”在某种意义上是由课堂教学的改革所决定的，如国内外一流大学所推行的“博雅学院”或“书院”制度以及“大班授课、小班研讨”或“小班授课”模式。

第三，就通识教育的难度设置而言，大部分教师对通识教育的难度理解有误。相对于专业课，教师会主动降低通识课程的难度，降低对选课学生的要求，降低通识课程考试的标准，久而久之，将“通识课程”变成了“通俗课程”。就客观因素而言，教师这样做是为了应对通识课堂的“三多”(学生人数多、学生专业种类多，无故缺课的学生多)；但主观原因还是缺乏正确的通识教育理念，看低通识课程的格调，降低通识课程的水准。

2. 学生理念

这次校内调研，我们还特意邀请了学生代表参加。学生们在发言中对学校的通识教育提出了不少有价值的建议，诸如开设更多人文类和社会科学类课程、选修前提供更多选课信息等。但学生的发言也暴露出在校学生对通识教育的价值和意义、对通识课程领域划分的目的等问题尚缺乏正确的认识和充分的理解。

第一，由于对通识教育理念缺乏必要的了解，部分学生将个人兴趣作为选择通识教育的主要标准。有些学生认为，通识教育就应该是满足自己的求知欲望和学习兴趣的。这类学生因以“有趣”作为选课标准，自然不希望通识课程设置难度，也不愿意在选课时受到学科分布的限制，尤其是文科学生不愿意选自然科学类的课程，因为自己既无兴趣，又觉得学习困难。首先，这样会造成学生选课分布不均，看似简单、有趣的课程人满为患，而看似深奥、复杂的课程则无人问津。尤其是一般自然科学类通识课程，会因课程难度较大、课程成绩相对较低等因素，使学生对此类课程产生畏难情绪，避而不选。其次，这样也会造成学生降低对通识课程的期待，将通识课程等同于“营养课”或“通俗课”。

第二，部分学生将“实用性”作为选择通识教育的首要标准，这体现为对通识教育只追求课程简单、分数高和表面上的实用性。首先，大部分学生对何为“有用”、何为“无用”既缺乏形而上的或者说人文主义的思考，也缺乏长远性的和变动性的预测，因而对通识课程的学习持一种“专业主义+功利主义”的态度，认为其既然不是自己的专业课程，对自己没有什么实际用处，就应该降低门槛和难度，不应该对学习者做太多和太高的要求，不能让通识课学习冲击到专业课学习。其次，学生选修通识课，通常以“是否容易通过”、“是否容易得高分”为标准。学生中间甚至流传“不是‘90+’(即期末成绩 90 分以上)的通识课不是好通识课”的口号。很多学生对于如何构建自身的通识教育体系还没有概念，故很容易出现选课盲目、随意和功利的情况，这就大大降低了通识教育的标准。最后，许多学生认为开设的通识课程应该实用，对今后的就业和工作有帮助，这实际上将通识教育退化成职业教育了。还有学生将通识教育理解成“通才”教育，因而以个人的精力有限为由，认为没有必要选择这种教育。

（二）通识课程

1. 课程数量及分布

第一，我们在调研中发现，全校通识课开设数量远未达到学生应修通识课的课程数。据本科生院公布的 2016—2017 学年两个学期的通识课修课表，该学年上学期开设349门，下学期开设398门。而按照2013版培养方案“每个学生毕业时应修满12学分通识课”的标准计算，每个学期全校至少要开出500门通识课。

第二，人文类通识课和社会科学类通识课的开设数量相对于学生的需求，数量过少。根据武大2015—2016学年两个学期开设的公共选修课统计，一共开设了548门(课头，含重复开课)，其中人文与社会类课程122门，占22.3%，“交流与写作类”28门，占总数5.1%，两类课程共占27.4%。而学校本科生人才培养方案中规定理工科学生至少修习4个学分的人文与社会类通识课程，理工科学生占全校学生的比例超过60%，导致人文类通识课供不应求。此外，社会科学领域开设的课程相对于学生的需求过少，一方面，社会科学领域课程相对而言对博雅教育更为关键；另一方面，学生对这些课程需求量更大，其中文科类学生是因为感兴趣而产生需求，而理科类学生是因为渴求跨学科知识而产生需求。

不同领域的通识课程开课数量不均衡，如自然工程类通识课程多，选课的人少；而人文类课程少，选课的人多，学生选不上。“武大通识2.0”的通识课程，七大领域划分太细，各领域课程的设置及开课数量不太均衡；热门课程开课数量太少，很多学生选不上自己喜欢的课。总体来看，在满足学生通识课程选修学分要求的基础上，不同领域通识课程开课数量还有待均衡。

2. 选课系统与选课难

由于学校开设的课程数远不能适应学生选课的需求，本科生院选课系统在分配选课时会优先考虑高年级学生，尤其是毕业班学生。大一新生刚入校的第一个学期不允许选修通识课，低年级学生在选课系统里很难选到自己想上的课，有的学生锲而不舍地连续选修了两三个学期才能“抢”到自己心仪的课程。而恰恰是新生更应该接受大学的通识课教育，学习这些与高中应试教育截然不同的课程。调研中，老师们也普遍反映低年级学生更愿意接受人文素质教育，大二、大三学生的学习兴趣浓厚，学习态度比较认真，而学生到了高年级，对人文类通识课的学习兴趣减弱，毕业班学生更是因为准备考研、毕业实习或者找工作而经常性地请假、旷课。更有甚者，个别同学还以出国留学需要高绩点为由而向主讲教师要求高分。

关于由"选课系统"而导致的选课难问题，我们以通识课简明世界史2014—2017学年三个学年选修学生的数据为例，作一点具体分析(见图1至图4)。

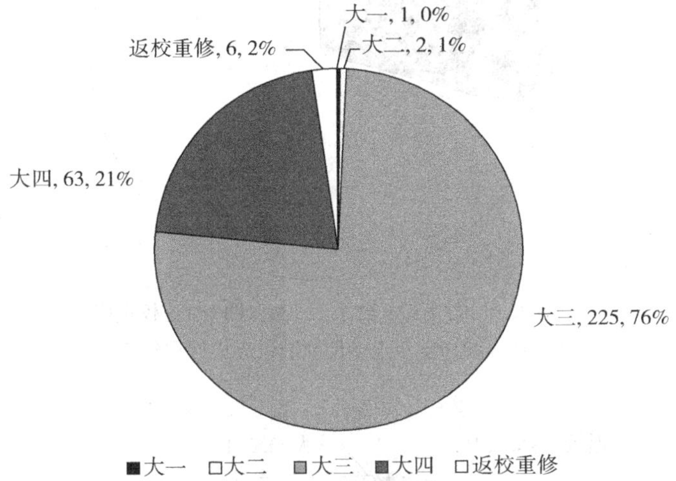

(1) 2014—2015学年上学期简明世界史课程年级分布

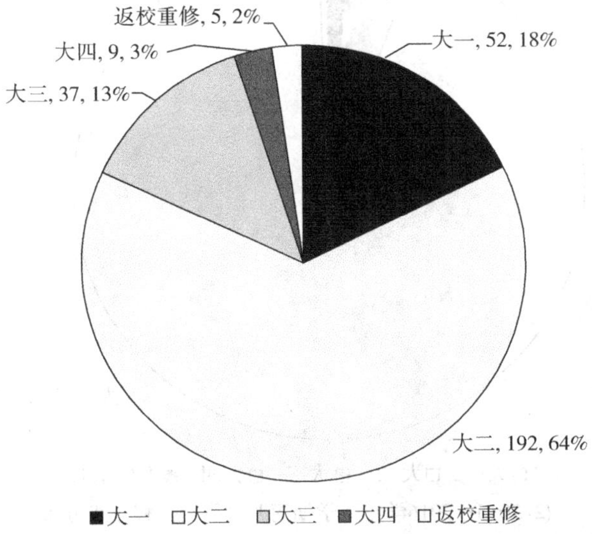

(2) 2014—2015学年下学期简明世界史课程年级分布

图1　2014—2015学年简明世界史课程学生选课情况

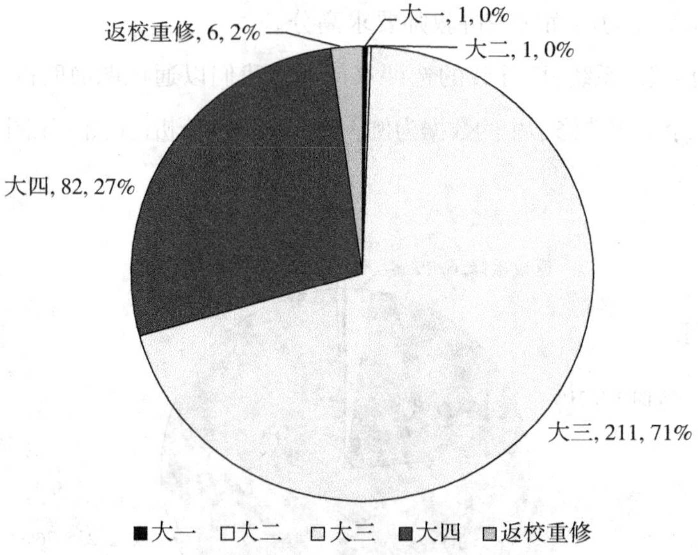

(1) 2015—2016学年上学期简明世界史课程年级分布

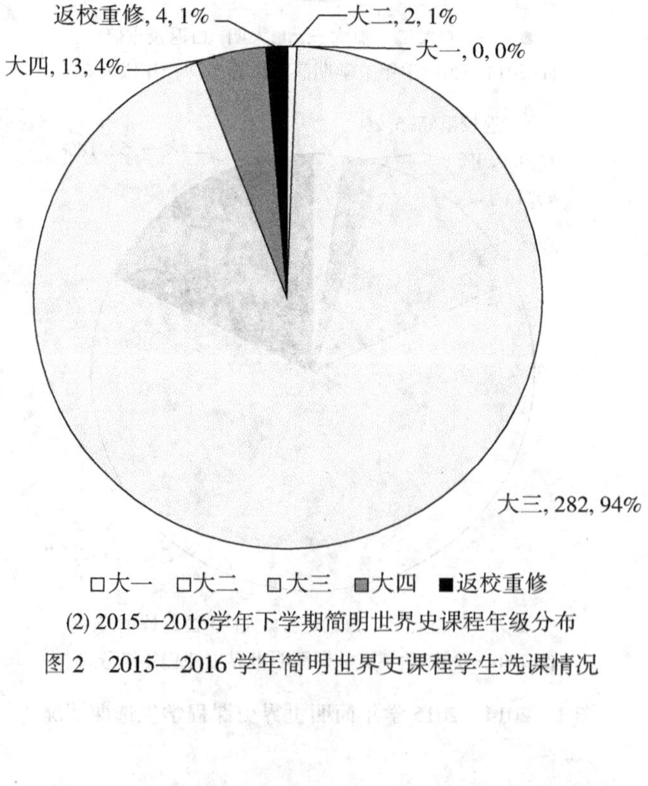

(2) 2015—2016学年下学期简明世界史课程年级分布

图 2　2015—2016 学年简明世界史课程学生选课情况

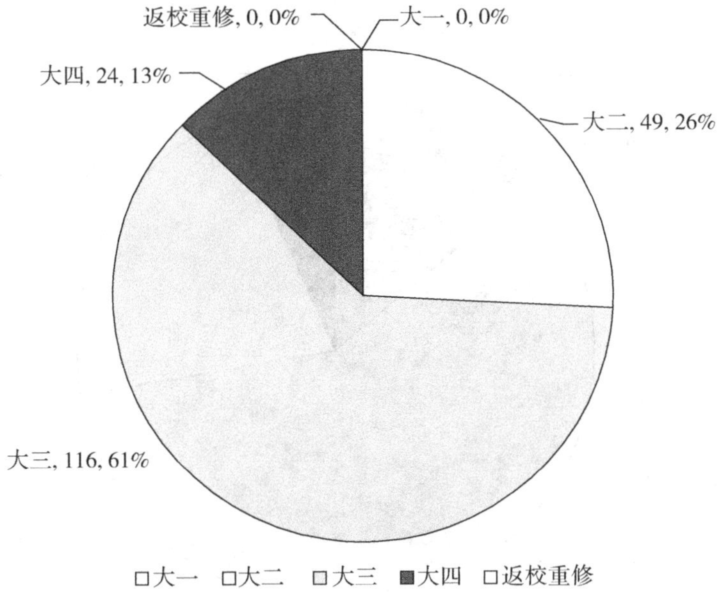

(1) 2016—2017学年上学期简明世界史课程年级分布

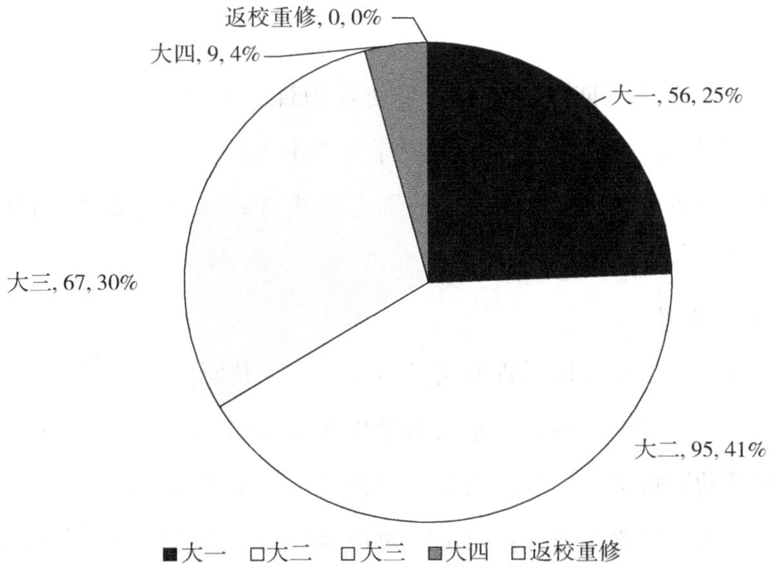

(2) 2016—2017学年下学期简明世界史课程年级分布

图 3 2016—2017 学年简明世界史课程学生选课情况

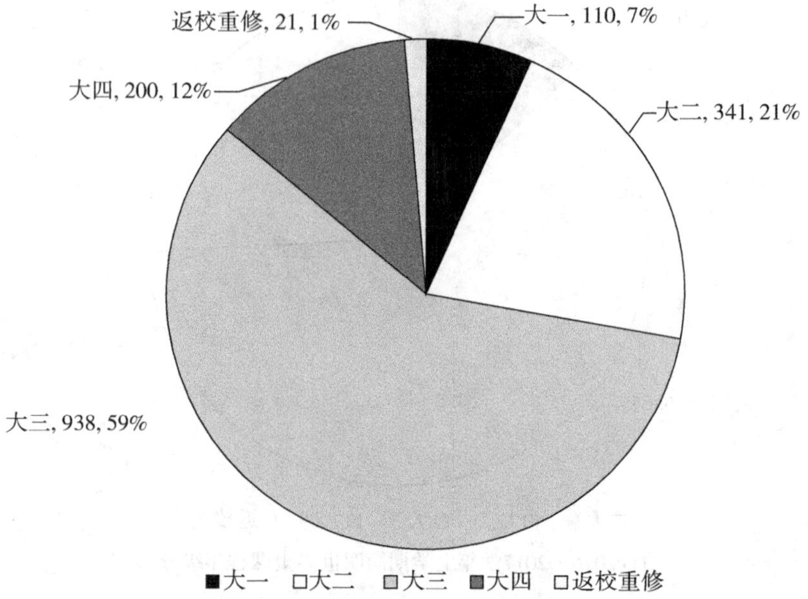

图 4　2014—2016 年度简明世界史课程学生选课情况

2014—2017 学年期间，简明世界史通识课共开课 6 次，选修学生共计 1610 人，其中大一学生 110 人、大二学生 341 人、大三学生 938 人、大四学生 200 人、返校重修学生 21 人，分别占比为 7%、21%、59%、12%、1%，其中大三学生的比例最高，占 59%。

3. 课程设置及质量

调查发现，学校通识课程的质量参差不齐，其原因十分复杂。一是因为学生人数太多，无法管理；二是因为学生来自不同的院系，经常有一些学院内的各种活动影响学生出勤；三是因为教师与学生来自不同的学院，形成师生相互认同的过程较为漫长；四是因为跨学科选课让老师和学生都认为通识课程相对较难，应该降低水准，这种认识可能会导致通识教育的“沦陷”：部分通识课“沦”为通俗课，“陷”于工具性。

以自然科学类通识课程和社会科学类通识课程为例。原有的自然科学类课程与通识课程没有天然的关联，要将自然科学类课程转化为通识课程难度很大，教师要投入相当多的时间与精力才能建设好一门通识课程，这也容易使自然科学类课程的质量不佳。

在社会科学类通识课程方面，我校通识课程从公选课演变而来，2016年6月启动通识课程改革后，各院系教师重新申报通识课程，这些课程与此前的公选课没有太大的差别，故可据此分析我校社会科学类通识课现状。从提交申请的150门左右课程来看，离社会科学类通识课程的要求还有很大差距。这些课程中真正为通识教育设计的课程只有1门：博雅教育与大学生思维建构和表达；由各个院系立足于所在专业开设但是具有社会科学共同属性的课程一共有15门左右，如社会科学哲学导论、现代人文科学概论、文化与社会等；属于各个院系学科专业知识但是也对整个社会科学研究有帮助的知识性课程一共有6门左右，包括宗教学概论、伦理学概论、哲学导论等。上述类别之外的其他课程为专业知识课程和专题课程。从这些课程构成可以看出来，方法论性质、交叉学科的课程数量严重不足，综合性讨论知识与社会关系、人与社会关系的课程数量严重不足。

4. 教学形式

我校通识课教学形式上存在单一化、因“师”设课、结构不尽合理等问题。

第一，由于通识课选修的学生较多，而且都来自不同院系，学生的学科背景不同，对课程内容的理解水平参差不齐。授课老师的教学方式一般是课堂教学，辅以PPT，教师很难开展专业课小课堂那样的实质性的课后读书、课堂研讨；加之武汉大学目前未能实行研究生助教制度，单凭教师一人之力难以有针对性地辅导数量众多的学生，也难以开展行之有效的教学过程管理。导致通识课教学陷入一种两难境地：学生的求知欲难以满足，教师难以开展工作，调动学生的积极性。

第二，通识课程大多因“师”而设，而不是因“生”而设。很多学院的课程就是因为有老师需要上课，或者因为通识课有经费支持而开设。这样就导致了学院提供的课程与学生需要的课程是脱节的。符合通识理念的课程、讲得好的课程、内容好的课程和受学生欢迎的课程远远不能满足需求，这也是通识课“供不应求”甚至“一课难求”的原因之一。

第三，现有通识课程主讲教师中，青年老师开课占较大的比例，而年长教授偏少。一般而言，青年老师在对课程内容理解、教学方法和课堂掌控等方面都与年长教授存在较大差距。在对理论的领悟上，青年教师不及资深教授，他们讲授的课程不能抓住所涉及的理论知识的精髓，也难以进行有深度和广度的扩展。

（三）通识管理

1. 管理机制

我们在海内外调研中发现，各类高校都具备通识教育“三专”：专门的机构，专职的教师和管理人员，专设的不同类型的通识课程。比如香港中文大学，每年招生的本科生人数不足武汉大学的一半，却设有一个40人的通识教育部(专任教师27人，专职管理人员13人)。如果一所学校从事通识教育工作的所有成员都是业余的或者兼职的，那么这所学校的通识教育从设计、发展、改革到日常运作，将受到较大的制约和负面影响。我校通识教育的管理工作目前还未达到“三专”水平，在这一方面还需要逐步完善。

2. 申报机制

我校的通识课程申报机制尚有不足，有待加强。目前存在课程申报积极但流失严重的现状。以人文类通识教育为例，2011年学校曾经启动过一轮通识课申报，按建设周期必须连续开设3年。到2013年新的本科生培养方案修订，各学院把部分专业课调整为通识课，通识课门数也有所增加，到2014年，通识课门数创新高，文、史、哲、外四个学院分别是31门、24门、21门、7门。2016年学校启动通识课申报时，人文学科四个学院教师申报都很踊跃，文学院申报了34门，历史学院24门，哲学学院36门，外语学院18门。到2016—2017学年，对照2013年版培养方案，文学院、历史学院分别停开了10门与3门通识课，主要原因是教师退休或调离。但外语学院几乎停开了所有通识课，调研时发现老师们不了解学校通识课开设的相关政策，当通识课建设三年期满之后，他们并不清楚是否可以继续开设通识课。

这些现象反映出，目前我校的申报机制尚有不足，对通识课教学管理缺乏重视，学校教学管理人员与通识课教师均未充分理解通识教育，导致学校的通识课有流失的倾向。

3. 服务机制

我校在通识课程相关服务上仍有待加强。

第一，课前信息较少，不利于学生选课。此前，我校通识课程并没有一个专门的网站或者信息平台，供学生在选课之前对课程信息加以了解。开放选课时，课程信息往往较少，这使学生惯于盲目根据课程名称揣测课程内容，加以选课，而没有掌握足够的信息，这也会使学生逐渐对通识课程缺乏兴趣。

第二，对通识课程授课教师的宣传力度有待加强。在一门通识课程的开设中，教师自然希望学生学有所得、满载而归，学生也希望真正学到知识。因此在选课环节中，学生对教师的了解极有必要。但是此前我校对通识课程授课教师的宣传与介绍有所缺失，常使学生选课时，因对那些不是自己学院的老师并不了解，而造成盲目选课。

第三，对慕课通识课程的建设和管理有待加强。“武大通识 2.0”的通识课程中有近 20 门课程同时在“爱课程网”的“中国大学慕课”线上播放，武汉大学还有自己的“珞珈在线”(共 16 门课程)。超过 50%的本科生都参加过线上通识课程的学习，其中有超过 30% 的同学表示不太满意。不满意的原因主要是课程种类较少、缺少线下指导和不太习惯线上学习等。学校在慕课通识课程方面还有较大的提升空间。

第四，通识理念的宣传不够到位。如果通识课程理念不清楚，缺乏顶层设计，相应地课程设置也会比较随意，也缺乏理念支持。目前，武汉大学通识教育中心已经建立了官方公众微信号和官方网站，这将为武汉大学通识理念的宣传、通识课程的管理以及相关服务提供基础和可能。

（四）改进措施

1. 在全校师生中进行通识教育，改变传统的重专业课、轻通识课的观念

学校要出台有关通识课的政策措施，在本科生人才培养方案的制订时，提高通识课的比例，鼓励通识课的开设，重视通识课教学，切实提高通识课教学的地位，至少不低于专业课的地位。为此，哈佛大学的经验值得借鉴：哈佛大学本科生的课程体系分为三大模块，即专业课程（约占总课程量的50%）、核心课程即通识课程（约占总课程量的25%）和共同必修课程（约占总课程量的25%）。

2. 加强对通识课建设的管理，实现通识教育的可持续发展

要将通识课程的总体设计与个人申报结合起来。核心通识课一定要组成教学团队，由资深教授领衔，中青年教师为骨干，可以由不同学院教师组成，教育背景与理念要接近，使用同一份教学大纲，但教学内容可以有不同的侧重。一般课程不必固定课程名称，要让老师在大类下选择申报，体现通识特色。学校在批准申报新课程之后，不仅要在三年建设期内进行中期考核、结项考核，更要持续跟进，鼓励教师继续开课。

此外，还应开放式动态管理和增大教师的自主权。学校在统筹设计通识课程的基础上，每年允许教师申报新课，适应社会的发展变化，既保证通识课的持续建设，又满足新进教师的新课程开课需求。现行的武汉大学本科教务管理系统是由学生自选，教师被动，因此应该给予教师一定的自主性，有增删选课学生的权限。

3. 发挥学院一级对通识课的管理作用

考虑到学校并没有专职的通识课程教师，也就是说，通识课程教师全部来自各个专业学院。因此，通识课程的管理工作，就不应该仅仅在本科生院层面施行，而是各个专业学院都要负起责任，都要加强对通识教育的管理。各个专业学院的领导应该改变观念，充分重视通识课的教学。具体而言，一是要充分发挥分管本科教学的副院长以及教学秘书的作用，二是在教学工作

量核算与课酬发放时要等同于甚至要高于专业课，三是每个学期排课时，教学院长与教学秘书应主动联系担任通识课教学的老师，询问其是否继续开课。

4. 对学生选修进行制度性的规定

学校应该规定学生不能选修属于自己专业之内的通识课程，避免占用课程资源。比如历史学院的学生，就不能选修本模块中历史学院教师开设的课程，因为他的学习中会有专业老师更加深入的讲授。同时，学校还应该规定学生的选课要涵盖几大领域，不能仅仅局限在某个领域或模块，这样就达不到通识教育的目标。分门别类的做法会有效规避学生担心专业之外的课程太难而再次陷入单一学科学习的问题。

5. 改革教学和考核方法

“大班授课，小班研讨”模式是世界一流大学核心通识课教学实践中广泛采用且行之有效的组织形式，该模式有助于增加教学过程中学生的参与度，激发学生学习兴趣，提高学生学习过程中的主动性、创造性。任课教师在开学之初招募助教，一般由本专业的硕士、博士研究生担任助教，教师要对助教进行培训，如何把学生分成若干个小班，如何发放阅读资料，如何组织学生开展研讨，如何将学生们参与小班研讨的表现算作平时成绩。具体做法可参考简明世界史课程 2016—2017 学年第二学期的试点，该课的教学团队拟根据试点的经验编撰“大班授课、小班研讨”的《武汉大学通识课小班研讨助教手册》。必须强调的是，核心通识课的助教制应该与研究生院关于研究生担任助教的政策相对接。

在调研中，老师们认为通识课一般应该以 36 课时 2 学分为宜，现行的 1 学分 18 课时的通识课讲课内容偏少，只能以专题形式，不能深入展开。通识课的授课形式宜灵活多样，选课人数较多(超过 80 人)的课程提倡“大班授课，小班研讨”，由研究生助教组织小班讨论。

对于通识课的考核方式，老师们都不主张采用专业课那样的闭卷考试形式，因通识课的教学目标不是要求学生掌握系统的专业知识。因此，提倡采用灵活的考核方式，如课堂开卷考试、课程论文；还建议加大平时成绩比重，如 40%，以加强对学生学习过程的管理。

《武汉大学通识课小班研讨助教手册》

第三章　创建“武大通识 3.0”

“武大通识 3.0”于 2016 开始启动，具体有以下四个方面的内容：

一是明确“以成‘人’教育统领成‘才’教育”的指导思想；

二是成立通识教育委员会、通识教育委员会工作组和通识教育中心；

三是启动“4-2-660”系统：“4”即四大课程模块，“2”即两门基础通识课程，“660”= 60 门核心通识课程 + 600 门一般通识课程；

四是试行小班大班、课内课外和线下线上的全方位推进。

下面分通识文化、通识课程、通识课堂和通识教育管理四个层面，具体阐释“武大通识 3.0”。

一、以“养成人格”为核心，重塑武汉大学特色通识文化

武汉大学的本科教学文化有两个核心命题：一是“人才培养为本，本科教育是根”，二是“以成‘人’教育统领成‘才’教育”。[①]这两个命题的关键词都是“成‘人’”，即“养成人格”。以教育养成人格，以人格承担文化理想，这正是通识教育的宗

① 参见周叶中：《人才培养为本 本科教育是根——关于研究型大学本科教育改革的思考》，载《中国大学教学》2015 年第 7 期，第 4~8 页。

旨和目标。因此，上述以“成‘人’”为关键词的两大命题，也是武汉大学通识教育的核心命题。清代大思想家戴震说“词以通道”，“成‘人’”这个关键词是通向武汉大学通识文化的宏远之“道”。如何重建具有武汉大学特色的通识文化？我们尝试提出武汉大学通识教育十六字理念：

博雅弘毅　文明以止　成人成才　四通六识

如果说“博雅”是通识教育“成‘人’”理念的基本内涵：博而能通，雅而有识；那么“弘毅”则是借武大校训标举通识教育“成‘人’”理念的根本目标：养成有宏大志向和刚毅精神的君子人格。“文明以止”与“成人成才”是在从文化元典之思想隽语到武汉大学人才之培养目标的广阔空间，彰显武汉大学通识教育的人格诉求。而“四通六识”则是苞举“养成人格”的具体内容和各项指标：“四通”是通古今、通中外、通文理和通知行，“六识”是指渊博的学识、卓越的见识、经典悦读意识、文化批判意识、独立思考意识和团队合作意识。

在从2016年12月到2017年5月将近半年的校内调研中，我们发现无论学生还是教师，总体上对通识教育缺乏必要的认知和深入的理解。基于此考量，我们认为需要采取必要的措施，重建以“养成人格”为核心的具有武汉大学特色的通识文化。

（一）建立“通识文化”大观念或曰“大通识”文化观

在校内调研中我们发现，部分教师和学生对通识教育的认知存在三大误区：一是将通识教育简单地等同于通识课程，缺乏通识文化的自觉和自信，缺乏通识教育的国际视野和跨界思维；二是将通识教育视为普及性的专业入门教育或实用性的专业技能训练，缺乏经典意识、博雅精神、人文关怀和自由情怀；三是将通识教育局限于课堂教学，局限于教师“一站到底”式的单向灌输，缺乏师生互动、教学相长，缺乏融媒体时代线上线下的多元互通。

我们认为，通识教育首先是，最后也只能是一种文化，一种“养成人格”

的文化，一种兼顾完整知识、自由心灵和高尚人格培养的文化。如果建立了这样一种视野和理念，我们就不会将通识教育仅仅局限于通识课程和通识课堂。就“课堂”而言，通识教育既可以在第一课堂(即传统的以实体教室为唯一空间的课堂)，也可以在第二课堂(全中国最美的武大校园)、第三课堂(校园之外、国界之内)、第四课堂(世界各地)和第五课堂(虚拟的网络空间)……就“课程”而言，通识教育当然是指那些被称为“核心”的或“一般”的通识课程，但也包括具有通识内涵和外观的专业课程和专业基础课程。通识教育的理念应该也能够贯穿于并弥漫于专业教育之中。总之，以“成‘人’”为核心的通识教育是一种终身教育：不仅是延续四年或五年的大学本科教育，而且也是进入大学之前和离开大学之后不可或缺的教育。

GEC

武大通识

WHU General Education Center

武汉大学通识教育的LOGO

注：武汉大学通识教育中心LOGO解读

①图下方是武汉大学标志性建筑老图书馆，GEC是“通识教育中心”的英文缩写，即General Education Center；

②打开的书本为首字母G的造型，同时寓意武大通识教育的经典品位与国际视野；

③书本右上方喻指通识教育打开武大学子认知世界的窗口，三条横线为《周易》乾卦的“天地人”三才，寓意“通才达识，文明以止”。

(二)利用"大讲堂"和"研讨会"广泛传播通识教育文化

中国内地的大学自中华人民共和国成立以来受苏联模式的影响，有很强的专业化倾向，一个专业就可以办一所大学，一所大学的全体学生必须接受同一个专业的训练。改革开放以来，综合性大学越来越多、越来越强，过度专业化的倾向有所改变，但积习难返，加之高校对教师的业绩考核重科研、轻教学，家长对孩子的期望重就业、轻素养，导致从教师到学生依然受制于"专业至上"的思维定势。

大学当然要对本科生施行专业教育，但专业教育如果不与通识教育相融合，专业教育如果不融入通识理念，这种专业教育只能是形而下之"器"而非形而上之"道"，只能是功利性的职业培训而非博雅式的人格养成。我们认为，在武汉大学推行通识教育，当务之急是向全校师生宣传通识教育的现代理念，阐释通识教育与专业教育的内在关联，揭示通识教育对于"养成人格"的重要意义和价值。在这方面，能事半功倍且快速见效的措施有二：一是"通识教育大讲堂"，二是"通识教育研讨会"。

为了获取最高端也是最新的通识教育理念，大讲堂应邀请三类人士：一是海内外一流大学从事通识教育顶层设计的领袖型人物、实施通识教育的高级管理人员和长期讲授通识课程的名师名嘴；二是具有自觉的通识理念或受惠于通识教育的武汉大学杰出校友；三是学术界具有跨学科视野及成就的著名学者。"通识教育大讲堂"对拟邀请的讲演者应有深入的了解，并在与讲演者深度沟通的基础上确定演讲主题。"通识教育大讲堂"的举办频率以每月一次为宜，事前及事后应加强宣传，使之具有与学校"珞珈讲坛"、"长江讲坛"相同的影响力。

如果说"通识教育大讲堂"是面向全校师生，那么"通识教育研讨会"则主要是面向各院(系)主讲通识课程的教师和院(系)领导。"通识教育研讨会"可以每学期举办一次，采取专家讲座与专题讨论相结合的方式。讲座专家包括海内外从事通识教育理论研究的学者、从事通识课教学的教师和从事通识教育质量监督的管理者。讲座及研讨的主题须兼具学理性、实践性、针对性和普遍性。

（三）从源头抓起：对新入职的教师和大一新生进行通识教育

武汉大学通识文化的重建和通识理念的宣传，应该是“长效”与“短效”互动，“源”与“流”贯通。前面讲的“通识教育大讲堂”和“通识教育研讨会”属于“短效”，属于“流”。下面讨论“长效”和“源”。

通识教育要从源头抓起，这里的所说的“源头”有二：一是每学年新入职的青年教师；二是大一新生。学校需要建立起一种制度：新学年开学伊始，对新教师和新生进行通识教育。对新教师的通识教育可以纳入即有的教师培训体系之中，内容包括：武汉大学通识教育的历史与现状、通识教育与专业教育的关系、通识教育与教书育人等。还应该鼓励青年教师讲授通识课程，从而使他们在教学实践中体会通识教育的重要。

同样，对大一新生的通识教育也应该纳入入学教育体系之中，其内容包括：向新生提供两门基础通识课程人文社科经典导引和自然科学经典导引（详

国家图书馆前馆长詹福瑞教授在武汉大学“通识教育大讲堂”开堂首讲

武汉大学弘毅学堂院长石兢教授向"通识教育大讲堂"主讲嘉宾
复旦大学金晓峰教授颁发演讲证书

后)，向新生宣讲武汉大学的本科教学文化及通识教育理念，并着重介绍武汉大学的通识课程体系及选课方法；其形式可以丰富多彩：参观校史(或院史、系史)展览、游览校园、组织经典悦读会或通识沙龙等。为了便于学生选修通识课程，还应该专门为大一新生编制《武汉大学通识教育手册》。

二、以"4-2-660"为契机，重构武汉大学精品通识课程

就通识课程而言，2003年的"武大通识1.0"是通识、专业和专业基础三足鼎立，2013年的"武大通识2.0"是七大系列、千门课程。从"武大通识1.0"到"武大通识2.0"，十年的成果是较为显著的，为武汉大学的通识教育积累了经验并奠定了基础；但所存在的问题也是较为明显的，从而构成创建"武大通识3.0"的必要性和紧迫感。

根据我们在全校六大学部共30个院系的调研并参考冯惠敏教授团队2015

年、2016年两个年度的“武汉大学通识教育质量报告”，有必要重新审视“武大通识2.0”的七大领域和千门课程，并在此基础上重建武汉大学通识课程新体系即“武大通识3.0”——这一点既是重心也是契机。

（一）新建两门基础通识课：人文社科经典导引和自然科学经典导引

通识教育有两项基本内涵：一是经典悦读，二是跨学科视野。据此，我们建议为大一新生设置两门基础通识课程：人文社科经典导引和自然科学经典导引(以下简称“两大导引”)，在“经典”和“跨学科”两个层面对新生进行“启蒙”性质的通识教育，打开学生的视野，激发学生的兴趣，培养学生的博雅品位，养成学生君子人格，并为后面三年的核心及一般通识课程的学习打下良好基础。

具体工作如下：

第一，精编“两大导引”课程教材。“两大导引”各自精选本领域具有代表性的经典10部左右，采用“大班导读，小班研讨”的方式。

第二，充分保证授课时间。每门课程36个学时，教师大班导读与学生小班研讨的时间拟设计为2∶1或者1∶1。教师导读部分除概要性介绍该经典的文化及学术背景之外，重点导读与该课程主旨即教学目标紧密相关的章节；研讨部分主要辩论由该经典所引发出来的相关理论及实践问题，小班研讨由在读博士生担任助教。

第三，加强“两大导引”课程建设。“两大导引”均为必修，每门2学分，共4学分。“两大导引”各自成立教学团队，每个团队任命一位首席专家，由24位教师组成，集体备课，集体编撰教材。

第四，科学设计“两大导引”安排。每门课程在同一学期开出24个课头，“两大导引”每学期开出48个课头，每学年开出96个课头，可满足7400名大一同学(每人4学分)的需求。

第五，充分准备。用一年时间准备，于2018年10月正式开课。努力将“两大导引”打造成武汉大学通识教育的标志性品牌，使得武汉大学全体本科生真正拥有自己的"共同核心课程(the common core course)"和融通中外古今的"本科教学文化"。①

(二)变"七大领域"为"四大模块"

"武大通识 3.0"将"武大通识 2.0"中七大领域整合为四大模块。

(1)中华文化与世界文明:研读中华文化传统中的经典著作,引导学生领会中国优秀传统文化的精神实质、丰富内涵和现代价值,从本土和全球视野理解世界主要文明,引导学生在经济全球化、文化多元化背景下理性认识中华文化。

(2)科学精神与生命关怀:介绍自然科学特别是数学、物理学和生命科学等学科的历史、现状、趋势以及代表性理论和概念,培养学生创新精神,提升学生创新能力,探讨关涉个体生命和人类进步、人与自然和谐发展等议题,塑造积极向上的生命观和人生观。

(3)社会科学与现代社会:帮助学生了解社会科学的演变过程、经典理论和当代趋势,引导学生从经济、社会、法律、心理等方面,深度理解现代社会的发展、变化及内在机理。

(4)艺术体验与审美鉴赏:发展学生的审美情趣、鉴赏能力和阐释能力,培养学生在音乐、舞蹈、戏曲、美术、书法等方面的理解和创造能力,引导学生参与各种形式的艺术实践和艺术体验。

四大模块包举通识教育的四大领域(人文科学、社会科学、自然科学和艺术审美)从而避免了"分类不类",使每个模块名称"与"字前后的概念或并列或种属或表里均所指明确。更为重要的是,这四大模块在全领域覆盖通识教育之外延内涵的前提下,又有效彰显并突出了武汉大学的科研优势和教学特色:人文科学的厚重,社会科学的强势,自然科学的多元,艺术审美的鲜活。在这四大模块内精心设计核心课程和一般课程,必将最大限度地发挥武汉大学在教学和科研上的优势。

① 关于"两大导引"的课程构想,详见本书附录(二)"武大通识 3.0"基础通识课程介绍。

（三）四大模块均区分“核心课程”与“一般课程”，分级建设，以点带面

“武大通识2.0”有千门通识课，虽然覆盖面大、种类多，但课程质量参差不齐。“武大通识3.0”的四大模块均区分为“核心课程”与“一般课程”：前者60门，后者约600门（详细目录请见《附录》）。

核心课程之所以为“核心”，其理由有三：一是各大模块的核心课程构成该模块的核心观念、核心内涵和核心要素；二是核心课程的主讲教师应该是著名学者（如理工科的两院院士、文科的资深教授以及长江学者、“351人才计划”的珞珈学者等）；三是核心课程必须有课程团队，以保证课程的延续性和生命力。这三点理由同时也是关于核心课程及主讲教师（教学团队）的遴选标准。

一般课程的“一般”并非是要降低课程质量，而是指课程的覆盖面或普及程度。如果说核心课程强调的是“点”（重点、关键点或核心点），那么一般课程强调的则是“面”（覆盖面、延伸面或宽广面）。“面”与“点”的比例设计为10：1。

无论是核心课程还是一般课程均由学校通识教育中心统一设计，统一招标，统一审批；但在具体管理上或可分为两个层面：核心课程由学校（通识教育中心）管理，一般课程由主讲教师所在院（系）管理，从而形成一种“分级建设，点面结合”的管理模式。

（四）分阶段分批次建设，宁缺毋滥

“武大通识3.0”的“4-2-660”课程体系，领域宽广，种类繁多，数量较大，其建设工作不可能在短时间内完成，应该分阶段、分批次建设，非如此不可能保证课程质量。

2门基础课程用一年时间准备，从2017年到2018年；

60门核心课程分三年建设，从2018年到2020年，每年20门；

600门一般课程分六年建设，从2018年到2023年，每年100门。

通识课程的建设方式可以采取两个结合：校内教师与校外教师相结合，教师自愿申报与学校重点动员相结合。前者是指有些课程如果校内没有合适的教师申报和承当，可以聘请海内外的教师来校讲授；后者是指有些核心课程可以动员校内名师申报相关课程。

（五）通识课程选课方案

“武大通识 3.0”所设计的通识课程总共 12 学分，分为三个部分：基础通识课程(即“两大导引”)4 学分，核心通识课程 6 学分，一般通识课程 2 学分。

两门基础通识课程(人文社科经典导引和自然科学经典导引)为大一学生必修，每门 2 学分，共 4 学分。

四大模块的 60 门核心通识课程之中，每位学生必须在第一模块(中华文化与世界文明)和第四模块(艺术体验与审美鉴赏)中各选一门，两门合计共 4 学分；文科学生必须在第二模块(科学精神与生命关怀)选一门，理工医科学生必须在第三模块(社会科学与现代社会)选一门，计 2 学分。合计 6 学分。

核心课程全部采用“大班授课、小班讨论”模式。每门核心课程，选课学生人数上限为 100 人，小班讨论人数不超过 20 人，小班讨论不少于 4 次，每班配备一位研究生助教。每门课程每学年至少开设四门次。

四大模块的 600 门一般通识课程，要求每位学生在四个模块中自由选 2 学分。一般通识课程采用大班授课模式，每门课程选课人数上限为 200 人，每门课程每学年至少开设 2 门次。

三、以“全方位推进”为方略，重造融媒体时代通识课堂

通识课程是面向全体学生的，武汉大学每年新招收全日制本科生 7200 多人，根据 2013 年培养计划对通识课学分的要求，全校每学期至少需要开出 400 门左右的通识课程；如果充分考虑学生选课的自由度或者说给予学生更大的选择空间，则每年需要开出 500 门左右的通识课程。就学校现有的通识课

师资和教室而言，这样一个需求实际上是很难满足的。如果还要实行中班或者小班授课，则会加剧"教师"和"教室"双重的供不应求；如果全面推行"大班授课，小班讨论"，则会加剧"教室"的供不应求。

如何解决通识教育"供不应求"的矛盾？融媒体时代的到来为我们提供了启示和机遇。"融媒体"是"互联网+"的升级版：既指现代媒体与传统媒体的无缝对接，又指数字化语境下各种自媒体的有机融合。如果在以传统实体课堂为主的基础上，充分利用数字化时代的虚拟空间，实现五大课堂的立体推进和三大类型的系统整合，则不仅可以有效地解决"供不应求"的矛盾，还可以打造出鲜活生动、丰富多样的课堂，从而大大提高通识教育的质量。

（一）五大课堂，立体推进

前面讨论"通识文化"时我们提出"五大课堂"的概念，可依次表述为：实体课堂、珞珈山水、大江南北、地球东西和虚拟世界。

1. 实体课堂

通识课程的主体部分当然是在传统的实体课堂内完成，但实体课堂也要有意识地拆除"第四堵墙"（即台上教师与台下学生之间的无形阻隔），改变教师"一站到底"、学生"一听到底"的传统模式，实现教师与学生的无障碍互动。

2. 珞珈山水

武汉大学是中国最美的大学，珞珈山水是通识教育的最佳课堂。与校史、校风和校景相关的通识课程可以直接搬到校园来上，而涉及植物学、天文学和地质学的通识课程，则可以部分地在实体教室外面的校园进行。

3. 大江南北

这里的"大江南北"是指珞珈山之外、国境线之内。在省内，武汉大学与六所高校组成"七校联盟"；在国内，武汉大学与九所高校组成"通识教育十校联盟"。我们应该就通识教育与这两个"联盟"进行实质性合作：如课程共享、学分互认等。

4. 地球东西

武汉大学正在创建“国际一流大学”，而国际一流大学应该拥有国际一流的通识教育。就通识课堂而言，这一目标的实现需要两个方面的努力：一是邀请国际一流大学的通识教育专家来校讲学或授课，二是共享国际一流大学的网络通识课程。

5. 虚拟世界

武汉大学是国内最早推出“精品视频公开课”和“中国大学慕课”的学校之一，迄今为止在“爱课程”网已经上线的课程包括：精品视频公开课14门，精品资源共享课61门，中国大学慕课30门。除此之外，还有“珞珈在线”课程13门、网络“思政”课程4门。这些线上课程，共同构成武汉大学通识课程庞大而丰富的虚拟世界。

（二）三大类型，系统整合

现有的武汉大学通识课堂主要有三种类型：一是传统的实体课堂，二是正在建设中的“珞珈在线”，三是刚刚起步的“双创课堂”。这三种类型目前还是各自为政，没有构成互动互济的态势。

实体课堂是通识教育的主体，日常的、大部分的通识教育都是在实体课堂内完成的。前述“4-2-660”课程体系，应该说主要是为实体课堂设计的。但是，通识教育“供不应求”的困局和通识教学“一站(听)到底”的窘境，也与实体课堂相关。因此，实体课堂需要改革；而实体课堂的改革，除了上述“五大课堂”的立体推进，还要有“三大类型”的系统整合。

“双创课堂”已有34门课程和13个项目，具有较强的实践性和前沿性，故可以将通识课程中具有实践特征(如科学精神与生命关怀、艺术体验与审美鉴赏)的相关课程纳入双创课堂。

“珞珈在线”已有15门课程，作为线上课堂具有“空间无限”和“时间自由”两大特征，可以将“大班授课，小班讨论”课程一分为二：“大班授课”云集于珞珈在线，而“小班讨论”分散在实体课堂。对于学生而言，三大类型的系统整合，既实现了“知行合一”，又实现了“(师生)互为主体”。

(三) 六千博士，助教督学

海内外即有的成功或成熟的通识教育，无一例外都有两种方式：一是书院式的小班研讨，二是“大班授课”与“小班讨论”相结合。就武汉大学而言，前一种方式只能小范围试行，如国学院和弘毅学堂；后一种方式则应该在“武大通识 3.0”中勉力推行。

通识教育中心成立伊始，我们便在“中国文化与世界文明”模块的《简明世界史》课程中试行“大班授课，小班讨论”，全班 180 人分为九个小班，每个小班配备一名助教。计划讨论四次，已经完成一次，效果良好。[①]

核心通识课简明世界史小班研讨课堂情景

① 参见赵凯琪：《小班研讨：通识课堂新模式》，http：//news. whu. edu. cn/info/1002/48753. htm。

“大班授课，小班讨论”的方式若大面积铺开，则需要大量的助教。目前本科生院已经与研究生院沟通协调并达成共识，在全校范围内实行“博士生助教制”，即全校在读博士生均须有通识课程的助教经历。据统计，我校每年在读博士生约6600名，以平均10位博士生承当一门课程计算，则每年可满足600门课程的助教需求。相信博士生团队的建立，对于通识课堂的小班讨论会起到很好的“导读”和“助教”的作用。

四、以“四大机制”为关键，重建通识教育管理制度

以上在通识文化、通识课程和通识课堂三个不同层面，讨论如何创建“武大通识3.0”；而无论是“文化”、“课程”还是“课堂”，通识教育主要是在学校层面推行，故学校对通识教育的顶层设计和制度建设就显得尤为重要。根据对海内外及校内外通识教育的调研，我们发现：“武大通识3.0”的创建，其关键之处在于管理机制、激励机制、培训机制和资讯机制的设计、建立和执行。

（一）管理机制，专门专职

在海内外调研中我们发现，各校对通识教育的管理，虽然机构或部门的名称不相同，但有一点是相同的：专门专职，即有专门机构和专职人员。以“大学通识联盟”成员为例：中山大学是博雅学院、通识中心和高级研究院三位一体，复旦大学既有复旦学院还有核心课程办公室，香港中文大学有一个40人的大学通识教育部……武汉大学从21世纪初即开展严格意义上的通识教育，但至今没有一个在编的专门机构，也没有一位在编的专职人员。

从理论上讲，现代综合性大学所传播的知识可分为三大类型：通识性知识、学术性知识和职业性知识；而与之相对应的三大机构依次为本科生院、研究生院和各专业院系。①作为全校通识教育的设计者和管理者，武汉大学本

① 参见陈洪捷：《中国古代通识教育的传统及其问题——知识的视角》，《清华大学教育研究》2014年第4期，第21~26页。

科生院责任重大，任务繁重。仅就“武大通识3.0”而言，其既覆盖通识文化、通识课程和通识课堂各大层面，又贯穿课程设计、教学改革、质量评鉴全部过程，还兼顾“两大导引”与四大模块的课程设计和日常运作；而“武大通识3.0”的实施又必须保持与研究生院和各专业学院(六大学部共四十多个院系)的密切联系，保持与海内外诸多高校的业务沟通和工作交流。如此纷繁复杂的工作，必须有专门的部门和专职的工作人员来承担和完成。

现有的通识教育中心由五位专家组成，其定位是理论研究和课程设计。“武大通识3.0”一旦启动，则需要专门的机构和专职的工作人员来推行和执行，我们建议为通识教育中心配备专职的课程主任一名、工作秘书一名：前者专门负责“两大导引”和四大模块的通识课程工作，后者专门负责通识中心的日常工作。

(二)激励机制，顶层设计

顶层设计的激励机制可包括下述内容：

一是开辟职称评定的“通识”通道。学校应对长期从事通识课教学且课程质量高的优秀通识课教师在职称评定上给予倾斜，如副教授职称的优秀通识课教师应及时或破格提升为教授。

二是学校设计的各种教学类奖项或荣誉均应包括通识教育，如“教学名师”、“杰出贡献校长教学奖”、“本科教学业绩奖”等。在这些奖项或荣誉之中，均应该提高通识课教师所占比例。

三是提高通识课程的课酬，一般通识课的课酬应是专业课或专业基础课课酬的3到5倍，核心通识课的课酬应是一般通识课的课酬2到3倍。建议一般通识课的课酬每学时为300元到500元，核心通识课的课酬每学时为800元到1000元。

四是改变由各院(系)以事业费支付教师通识课酬的发放方式，实行由本科生院将通识课程的酬金直接发放到任课教师。

（三）培训机制，多元长效

本书第二章谈到学校部分教师和学生中所存在的关于通识教育的认识误区，导致部分教师认识误区的原因很多，其中一个重要原因是通识教师培训和进修机制缺失。现有的通识教师是在专业教育的氛围中成长的，缺乏综合素质的训练，教学时难以摆脱专业教学的束缚和干扰。因此，建立通识教师的培训和进修机制，是学校通识教育可持续发展亟待解决的问题。

通识教育的教师培训应由教师教学发展中心和通识教育中心联合主持，培训对象包括三种类型：一是针对全校通识课程主讲教师的培训，每学期举办一次；二是针对新入职的青年教师的培训，每学年举办一次；三是与“通识教育十校联盟”联合举办的面向海内外的通识教育培训，每两到三年举办一次。培训内容包括通识文化、通识课程和通识课堂三个层面，并兼顾理论与实践、历史与当下、本土与世界。培训方式为名家讲座与专题研讨相结合，课堂观摩与经验交流相结合。

（四）资讯机制，服务师生

从理论上讲，融媒体时代的通识教育完全不受时空限制，可以发生在任何时间、任何地点；而就实践层面而言，上述可能性的现实基础是资讯机制的完善和有效。“互联网+”时代的到来为通识教育的实施提供了广阔的空间和极大的便利，而如何建立高效的资讯机制在一定程度上可以决定通识教育的质量甚至成败。

就通识教育的具体内容及流程而言，从课程的招标、投标到课程的准入、退出，从教师发布课程信息到学生观课、选课，从小班研讨的报导到学生作业的发表，从管理部门的督导和考察到学生的点赞和吐槽……都可以在网上进行。

武汉大学通识教育中心的资讯系统，大体上包括下面四大部分。

一是门户网站“武汉大学通识教育中心”。主要发布国内外通识教育的最新资讯、武汉大学通识教育的相关政策、通识课程体系和通识改革的相关信息等。

武汉大学通识教育中心门户网站

二是微信公众号“武大通识教育”。主要介绍核心通识课程(包括主讲教师专访、课程内容、阅读书目、考核方式等)，及时报道小班研讨情况，择优发表学生课程论文，等等。

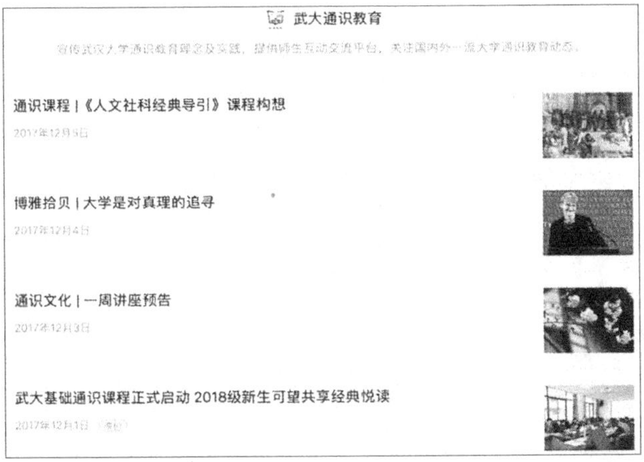

武大通识教育公众微信号

三是信息平台“武汉大学通识课程管理系统”。主要功能是为全校通识课程的申报、评审、过程管理、奖励等提供在线服务。

四是60门核心通识课程的课程网站和微信公号。要求每一门核心课程都要建立课程网站和微信公众号，便于学生与教师、学生与学生的无障碍交流。核心课程在开放选课时应提供如下信息：对课程作总体性介绍说明，说明课程的主要内容是什么，宗旨是什么；提供具体到节的教学大纲，并需要有文字说明；对每一章的教学作出文字性说明，解释目标、任务、方式；学生应该在课前做的准备和课后完成的作业；小班讨论的形式；每一章阅读材料详细列明；助教职能说明等。

第四章 “武大通识 3.0”课程建构

一、中华文化与世界文明

2017 年 3 月，“中华文化与世界文明”模块学术团队分别赴历史、哲学、文学、外语四个学院开展通识教育调研工作。各学院分管本科生的教学副院长、通识课主讲教师以及教学秘书参与调研，老师们对本次调研非常支持，也寄予了殷切的希望。

调研中，各学院老师都普遍认可本科阶段通识教育的重要性。老师们对通识课的认知经历了一个转变的过程。过去强调专业教育，课程专业性强，为使本科生毕业就能参加工作，因此本科教学中重视专业教育，而忽视了通识教育。目前本科生毕业后选择就业时直接从事本专业工作的情况不多，在本科层面上过分强调专业不利于拓宽学生的知识面，应该在本科教学中加强培养学生的适应能力，夯实基础，加强人文素质与科学素养，培养人的理智和心灵，为未来生活做准备。学生除了获得特定的学术专业训练外，还应该接受更广泛的教育。通识教育可以帮助学生理解世界的复杂性，能使学生更好地应对各种变化。无论学生将来从事什么工作，他们在学校学到的思维技能和习惯将在他们今后的个人生活和职业生涯中起到非常重要的作用。

武汉大学是文科相对较强的综合性院校，其中文、史、哲三个传统人文学科都是历史悠久、实力雄厚，文学院、历史学院、哲学学院再加上外语学院、新闻学院、艺术学院等，师资队伍强大，人文类通识课建设基础扎实，老师们都有较强的人文情怀和奉献精神，富有传道授业解惑之使命感，愿意不计个人得失，于繁重的专业研究与本院系的课程讲授之余，尽可能地开设通识课，近几年来，开设课程的数量稳中有升。

在“武大通识 2.0”中，本模块通识课程分属“人文与社会”、“中国与全球”和“交流与写作”三大类；而在“武大通识 3.0”中，本模块命名为“中华文化与世界文明”，课程内容主要涵盖人文学科，主讲教师也主要来自人文科学学部所属院系。因此，本模块学术团队对学校人文科学学部的四个学院(文学院、历史学院、哲学学院和外国语言文学学院)进行通识教育调研。同时，我们还到北京大学、清华大学、复旦大学、中山大学和香港中文大学调研，吸取它们在通识教育特别是人文类通识课程建设方面的经验。

本模块研究报告在国内外调研的基础上，参考国际一流大学人文学科领域通识教育的成功经验，论述本模块的武大特色和课程体系的培养目标，重点论述核心通识课的主要内容以及一般通识课程的建设思路。

(一) 本模块的武大特色

根据我们在四个学院的调研和统计，近十年来各学院所开设的通识课程的情况如表 1 所示。

表 1　**2008—2017 年九个学年人文科学学部四个学院开设通识课情况表**

	文学院	历史学院	哲学学院	外语学院
2008—2009 学年	22	12	19	6
2009—2010 学年	33	14	11	5
2010—2011 学年	29	14	18	1
2011—2012 学年	32	12	16	3
2012—2013 学年	26	20	21	8

续表

	文学院	历史学院	哲学学院	外语学院
2013—2014 学年	37	18	19	6
2014—2015 学年	31	24	23	7
2015—2016 学年	38	21	19	3
2016—2017 学年	31	24	21	1

对上述已经开设的人文类通识课程进行分析，可以归纳出武大人文类通识课的几个特色：

第一，门类覆盖面广。既有大量拓展知识面，提高综合素质的概论课、通论课，又有高深而引人入胜的专业课程，还有重视技能、才艺以及听说读写等综合能力的实践类课程。通过与兄弟院校的横向比较，人文类通识课的种类相对较多。

第二，重视技艺、技巧训练的实践性、应用性课程成长相对较为快速。这与武大学生普遍重视才艺、轻松活泼的校园氛围，以及学校加大对实践、实习基地及实验中心的培养是分不开的。

第三，教师的教学经验丰富。从学历上看，他们一般都是博士毕业；从学缘上看，往往是学有专长，在本学科的教学与研究中作出过突出的成绩，教学经验丰富，知识积淀丰厚，集广博与专精于一身。这样带给学生的通识课往往也就是精品课程。

武大开设公共选修课由来已久，学生选课及退选自由度较高，从最初选课到选课结束有三个星期的观察和调整时间，让学生自由地退选或改选，这也充分反映出武大这个在国内最早实行学分制的学校对传统的继承与发扬。

（二）本模块核心通识课程

“中华文化与世界文明”模块的教学目标，主要是培养学生的人文精神。为了弥补传统文化长期断裂所造成的影响，我们所设计的核心通识课是以中华文化的讲授与学习为基础内容的，同时，在现代社会，世界的一体化也使我们必须考虑到“中国文化的世界性”、“世界文明的中国化”、“传统文化的现代转型”等问题，因此，反映世界文明诸层面的内容也占有一定的比例。

本模块已经初步设计出18门核心通识课①，各门课程简介如下：

1. 中国文化：元典与要义

元典是人类轴心期的伟大著作，是人类首次系统而辩证地表达出对于宇宙、社会和人生的观察与思考，是由伟大心灵于前学科时代所创造出的人类的基本精神或者说是“元精神”，因而对文化元典及其要义的研习，是作为“元教育”的大学通识教育的首选和必选。元典与要义的黉门传习是中华文明通变恒久、亘古亘今的教育学缘由，以元典及要义教人育人，是华夏博雅教育的伟大传统。本课程从中国文化元典中选出儒家的《周易》《论语》《孟子》、道家的《老子》《庄子》和中国佛教的《六祖坛经》共六部，采取“大班导读、小班研讨”的方式，师生同堂，悦读元典，妙解要义，共创青春版的中华元典精神。本课程的考核方式有二：一是四次小班研讨时的读书笔记和小组发言，二是期末所提交的对中国文化某一部元典的“要义解读”。

《中国文化：元典与要义》

① 四大模块的60门核心课程，若无特殊标记，则均为36学时，2学分。

2. 中国人文经典

本课程可以是一门独立的课程，也可以是一个课程系列。作为“独立课程”，可以导读某一部中国人文经典，设计为36学时，2学分；作为课程系列，可以依时序导读多部中国人文经典，设计为先秦、汉魏六朝、唐宋、元明清、近现代共五个时段，每个时段2学分。申报人无论选择何种方式，均要求实现“对话”性：一是教师与学生的平等对话，其对话内容包括对经典的理解、对经典中有争议观点的看法、对相关现实问题的态度等；二是师生与经典的深度对话，共同质疑经典中的人物、事件和观点；三是师生与现实的延展对话，将中国人文经典与当代社会现实关联起来，从而真实而深刻地理解中国人文经典的现代意义和实践价值。本课程通过“大班授课(或网上慕课)”与“小班研讨(或小组悦读)”相结合的方式，引导学生深度阅读中国人文经典，为学生在大学时代的人格塑造提供优秀传统文化的精神营养和思想资源，真正实现“养成人格”的通识教育的目标。

3. 中国古典诗词鉴赏

本课程所涉作品可分为古诗和词两大部分。其中诗以近体诗为主，兼及汉晋以来的古体诗，词作以宋词为主，兼及金元明清最精华的作品。通过课程的学习，使学生对古典诗词的重要作家、主要艺术风格及流派有所了解。同时帮助学生阅读经典作品和分析诗词中的文学现象，引导学生从不同的视角切入作家、作品，拓展其思考空间，并加深学生对中国古代文学经典的认识，增强其传统文化认知，促进其文化自信。

4. 中国小说与社会

本课程将中国经典小说置于社会学视域和中国文化的大背景，通过讲授与分析，揭示小说所建构的精神结构与社会本身的同源性，小说所建构的群体世界与社会集团或阶层的对应关系，小说所阐扬的伦理与传统社会伦理的一致性，并及启蒙时代的新特性，加以现代性的返照。通过该课程，让学生理解小说，尤其是经典小说的确是一种“有意义的结构”，引导学生把小说作为人类的心灵史、社会的思想史去阅读。

5. 诺贝尔文学奖作品导读

本课程从已经获奖的110多位诺贝尔文学奖得主的作品中选择八到十部经典作品，通过母题组合、性别组合、体裁组合、东方元素、中国元素、美洲与非洲元素、东西方作品比较等多个层面，鸟瞰100多年以来世界文学最尖端作品的概貌，引导学生通过作品去熟悉和理解现实主义(含后现实主义、魔幻现实主义、新现实主义等)、现代主义(含后现代)、存在主义(含黑色幽默、荒诞派、废墟文学)、新左派与反文学(含愤怒派、垮掉派等)、后殖民主义、女性主义等文学流派。

6. 莎士比亚与西方社会

莎士比亚的戏剧真实反映出英国乃至欧洲17世纪的社会生活和思想变化以及民族风情。本课程通过剖析莎士比亚戏剧，以四大悲剧代表作《哈姆莱特》《奥赛罗》《李尔王》《麦克白》，四大喜剧代表作《仲夏夜之梦》《威尼斯商人》《皆大欢喜》《第十二夜》，以及正剧(悲喜剧)《罗密欧与朱丽叶》为重点，旁涉他的十四行诗和长诗，使学生了解欧洲黑暗时代和近代初期历史的结点状况，以及文艺复兴所带来的科学和艺术的变化。

7. 现代西方文学思潮

本课程旨在引导学生全面细致地了解西方从现代主义到后现代主义的各种文学思潮，包含：现实主义文学的新趋向、无产阶级文学的发展、现代主义文学的崛起，后期象征主义、表现主义、超现实主义、意识流、荒诞派、新小说、存在主义、黑色幽默、魔幻现实主义等。主要内容：讲述著名作家的经典作品，并阐述20世纪欧美社会思潮和哲学思潮对文学的影响。

8. 中国语言文字与文化

本课程主要讲授汉语、汉文字的起源、发展及不同历史时期的语言文字面貌，及其与文化的关系，并揭示汉语、汉文字从宏观到微观的文化意涵。其中汉语部分，涉及汉语的早期形态——上古汉语先秦期、言文分离时期(上古汉语两汉期、中古汉语、近代汉语)、早期白话文及现代汉语的基本概况。文字部分涉及甲骨文、金文、战国古文、小篆、隶书，并涉及汉字简化等，使学生对于中国文字的形态及文字学历史有一个概貌性的认识，并初步掌握识读简单古文字的方法。通过比较语言学的方法，比较汉语、汉文字与印欧语及其文字的不同发展脉络，开阔学生视野，使学生熟悉汉语、汉文字遗产，掌握基础知识，为进一步学习和研究古代的语言文字打下基础。

9. 中国哲学智慧

本课程主要介绍儒家、道家、《周易》、禅宗、理学、心学等中国思想史上各重要学派的哲学思想精华，阐述其历史影响和现代意义，增长哲学智慧，锻炼思维能力，丰富国学知识，提升精神境界。着重讲述中国古代哲学所讲的“道”，“人生之道”即做人的智慧，“自然之道”即关于认识世界的智慧，“致知之道”即关于求知方法的智慧。教学方法以老师讲授和课堂讨论相结合，以掌握知识与培养能力相结合，既注重师生思想的互动，也强调古今意义的互动，以期培养学生阅读原著和独立思考的能力，增进对中国古代经典的亲切感。

10. 西方哲学史

本课程主要讲授西方哲学的核心问题，使学生理解并掌握基本的哲学概念以及正确的哲思方式，熟悉哲学的核心问题，并能够指出不同解决方案的利弊得失，具备良好的哲学修养。课程将透过不同哲学家对哲学问题的解答所产生的争论，考察一般人视为理所当然的普通常识是否具有合理性或坚实的基础，使学生理解哲学家如何思考问题。教学方法采用大班授课与小班研讨相结合，上课听讲与课后阅读等相结合，注重激发学生的求知兴趣，引导他们进行研究性的学习，培养学生的哲思能力和批判性思维。

11. 哲学核心问题

本课程主要通过生活化的场景、形式化的推理，让学生切入哲学中最核心的问题(主要是形而上学、认识论、伦理学中所讨论的核心问题)。课程学习一方面注重培育和发展学生关于哲学的生活直觉，另一方面注重训练学生独立思考的能力。教学方法以生活化的思想实验提出哲学问题，以逻辑化的论证推进对哲学问题的探讨，以教师讲授与课堂讨论相结合的方式展开教学过程，以开放式的结论引导学生作更进一步的思考。

12. 逻辑与批判性思维

本课程通过逻辑学基础理论知识(包括普通逻辑学和数理逻辑学)的讲授，提高学生的逻辑思辨能力，改正错误的思维习惯，利用所学的逻辑学理论知识来解决现实中遇到的实际问题，并教授学生如何利用逻辑知识来应对日常思辨、撰写论文以及社会化的逻辑学考试等问题。教学方法以老师课堂讲述理论知识为基础，同时配合以老师出题、学生回答问题(目的是展示推理过程)、老师放映视频片段(用以展示逻辑知识点)并讲解要点等多元化的教学形式。

13. 心理学与生活

本课程通过心理学基础理论知识的讲授，让学生了解心理学的历史与现状、主要研究方法、基本现象和概念，探索人的基本心理过程及其规律与发现，并能够初步应用基础心理学知识，促进对自我的认知，使个体获得更好的成长。同时，作为一门从各个角度对“人”展开科学研究的学科，心理学既具有社会科学的属性，也具有自然科学的属性，课程的学习还将拓宽与学生各自专业相关的知识面，开阔专业视野。在教学方法上，以基础理论知识结合心理学实验和案例分析的讲授形式为基础，同时配合以课堂互动、实验体验、分组讨论等形式引导学生参与和思考心理学的相关理论。

14. 中华文明史

本课程内容涵盖从上古到清朝前期的政治、经济、军事、文化发展和历代社会结构、社会生活，以及各时期的文化特色及其变迁等内容，引领学生通古今、观天下、晓文明。教学目标：通过讲授中国古代文明的发展与演变，系统掌握中国古代历史的进程、发展及相关基础知识，提高学生的逻辑思辨能力，弘扬民族文化与民族精神，引导学生树立正确的历史观、人生观，正确理解中国多民族国家的形成、中国优秀传统文化的精神实质。

15. 世界文明史

本课程主要介绍世界诸文明演进的基本过程，探索人类社会时代变迁与文明更替的基本规律，重点讲授牵动世界全局的局势和运动、影响人类历史发展进程的重大事件和重要人物，以及历经岁月沧桑遗存至今或影响至今的制度、宗教和文化，使学生在掌握世界历史基本知识的同时，加深对当今世界的认识，探索不同文明间彼此沟通的可能途径。

16. 考古与人类文明进程

本课程采用精致的图片、精美的视频、精彩的故事，借助大量的实物遗存，利用丰富的科技手段，重建文明的历程，探索人类终极之谜，解读人类的起源和迁徙、文化的出现和变迁、文明的诞生和演进。教学目标：介绍重大考古发现及其研究成果，讲授考古学的基本概念、方法、技术和理论，将科技与人文融为一体，让学生对人类文明进程有一个全景式的了解。

17. 历史典籍导读

本课程选取部分经典篇目，带领学生阅读中外原典，从而引导学生触探历史脉络、体认史家思想、领略辞章之美。教学目标：通过讲授中外历史典籍的成书背景、文本内容、撰述体例与史学价值，指导学生了解中外不同历史时期的典章制度、政治文化与民族交流，训练学生的古文、外文阅读能力，同时让学生获得关于世界文明的总体认识，形成基本的人文修养。

18. 近现代中外关系

本课程主要讲授自鸦片战争以来的中国与世界各主要国家的关系，包括近现代中国外交政策的演变，外国列强对中国的入侵，近代不平等条约体系的形成与中国“废约”的努力，中日、中美、中苏、中法关系的演变，让学生理解“外交是内政的延续”，重点掌握中国在对外关系中的地位“从屈辱到崛起”的深刻原因，培养学生爱国主义情感，增强学生民族自信心。

（三）本模块一般通识课程

课程的划分有如下两个角度：

其一，从课程的难度来看，可分为普及型、提高或深化型两种类型。其中，大部分概论性课程、经典导读课程、实践性课程，都属于普及型，适合于大学中低年级的学生修习。全部的专题性课程，以及个别经典导读课程、实践性课程，属于提高或深化型，适合于大学高年级的学生修习。

其二，根据课程的内容组织及呈现的方式，以“武大通识2.0”已有课程以及2016年申报的通识课为依据，本模块的一般通识课程大致可分为以下几个课程群：

1. 人文经典导读课程群

主要课程包括：《十三经》导引、《论语》与《孟子》讲析、《四书》导读、《老子》与《庄子》导读、孙子兵法研究与应用、传统蒙书导读、历代经典词作选读、《诗经》导读、《汉书》导读、《左传》导读、《史记》导读、《资治通鉴》导读、《诗经》与《圣经》的文化比较、《圣经》选读(双语教学)、莎士比亚戏剧导读，等等。

2. 中外文学与语言文字课程群

主要课程包括：20世纪中外文学名著鉴赏、世界华文文学经典欣赏、文学欣赏与批评、演讲与口才、唐宋诗词鉴赏、当前文学热点与当代文化、基督教与二十世纪、中国文学简史、汉字文化、汉语的词汇与文化、方言与中国文化、明清小说中的历史文化、世界英语概览、20世纪初中国小说中的西方形象及其文化含义、英语国家和文化，等等。

3. 哲学与心理学课程群

主要课程包括：中国哲学导论、西方当代人文主义哲学主流、伦理学、人际关系心理学、逻辑学导论、现代心理学引论、德国哲学导论，等等。

4. 通史、断代史与中外关系课程群

主要课程包括：影像中的中国近代史、美国历史与文化、中日近代化比较、中国社会史、简明清史、世界军事史、战争史、国际关系史、当代国际关系与中国外交、当代中国话题、国际关系与新闻传播、国际组织专题，等等。

5. 专门史与宗教文化课程群

主要课程包括：中国古代数术文化、中国传统礼仪与风俗、佛教文化、少林寺与中国传统文化、中国书法艺术、社交礼仪、国际礼仪、西方文化概论、中医养生概要、中外大学发展的历史与未来、荆楚文化通论、中国茶叶史、中国茶文化、古希腊文明、基督教思想导论、从原始佛教到禅宗、中西宗教文化比较、啃一口禅宗的苹果、中国传统村落形态，等等。

6. 考古与器物文化课程群

主要课程包括：唐代碑石与文化、中国古代金属技术与传统工艺、人类生存环境与考古学研究、人文地理、世界人文地理、考古学概论、青铜器鉴赏、服饰文化、地图历史与文化、中国水利史、中国农业发展史、地下水与人类文明、水与人类生存、水科学与水文明、治水与社会发展、黄河史、非物质文化遗产与民俗文化，等等。

二、科学精神与生命关怀

在“武大通识3.0”版本中，本模块课程偏重于自然科学；而本模块通识课程的主讲教师主要来自理学部、工学部、信息学部和医学部。因此，本模块学术团队成立之后的第一项工作，就是在全校四大学部相关院(系)进行通识教育调研。调研工作从2016年9月开始，2017年5月结束，持续时间将近两个学期，调研了四大学部的18个院(系)。与此同时，我们还到北京大学、清华大学、复旦大学、中山大学等国内著名高校调研，观摩兄弟院校的通识教育，尤其是通识教育中的自然科学部分。

《研究报告·科学精神与生命关怀》的撰写，主要依据本模块校内外调研所获得的材料与启示，并参考国际一流大学自然科学类通识教育的成功经验，重点论述本模块课程体系建构的理念、思路、要求及实施方法。

(一) 本模块的武大特色

“科学精神与生命关怀”模块通识教育的武大特色，主要表现在培养目标、课程要素和课程分类等方面。分述如下：

1. 培养目标的通专融合

其一，培养学生对自然科学(数学、物理学和生命科学等)历史、现状、趋势以及代表性理论的理解能力。

其二，培养学生对个体生命和人类进步、人与自然和谐发展等议题的探索能力，拓宽学生的视野，开阔学生的心胸。

其三，培养学生在科学领域的创新精神，提升学生的创新、创造、创业能力和反思、批判、沟通能力。

其四，培养学生热爱生命、珍惜时光、追求真理、积极向上的生命观和人生观，真正做到以“成‘人’”统领“成‘才’”，以“通识”融合“专业”。

2. 课程要素的多维整合

自然科学类通识课程的设立，是让学生了解自然科学的问题意识、思维方法及基本原理，激发学生对自然、人类自身奥秘探索的兴趣。自然科学类课程应对重大发现、重要理论、重要技术的历史发展过程、社会经济环境、主要贡献人物、研究方法、对社会经济的影响等多方面进行辩证的论述，尤其应帮助学生认识到其中是否包含科学问题，是否包含技术问题，学者是如何发现这些科学技术问题的。

具体而言，自然科学类通识课程应关注如下内容。

第一，时代背景。重大理论与技术的前期积累以及人们已有的观念与认识，当时的社会经济发展条件。

第二，人物特点。杰出贡献者所具有知识的广度与深度，在当时社会所处的地位与状态，持续探索的意志品质，对所研究领域核心问题的洞察力，以及寻找破解难题时的想象力。

第三，思维方法。应围绕杰出贡献者的探索历程，介绍如何应用逆向思维、直觉思维、逻辑思维等方法，应具体到归纳与演绎、分析与综合、抽象与概括、因果思维、递推法思维、逆向思维、内因与外因、条件触发、对立统一规律、质量互变规律、否定之否定规律、现象与本质等。

第四，问题性质。重大理论与技术在研究过程中提出了什么样的科学技术问题，以及解决此问题的技术路线等。

第五，社会影响。不仅要介绍科技对社会及经济发展的积极推进作用，还要与学生一起分析科技可能带来的负面作用和影响。

3. 课程分类的学部交叉

自然科学类的通识课程，其分类可以有两种方式，一种是按课程内容分类，另一种是按学科分类。

按课程内容分类，本模块的课程大体上可分为：数学与逻辑、格物致知、化学与环境、经天纬地、生命科学、IT世界、工程科技、哲学智慧、医学与健康，等等。

按学科分类，本模块的通识课程大体上可归入本校四大学部(理、工、信、医)的相关院(系)：数学与逻辑(数学与统计学院)、格物致知(物理科学与技术学院)、化学与环境(化学与分子科学学院)、经天纬地(测绘学院或遥感信息工程学院)、生命科学(生命科学学院)、IT世界(电子信息学院)、工程科技(水电工程学院)、哲学智慧(哲学学院)、医学与健康(医学部)，等等。

(二)本模块核心通识课程

为实现本模块的培养目标，并能在课程中安排模块课程要素，在自然科学的几个主要学科：数学、物理、化学、天文学、地理学、生命科学等均安排一门课程。在21世纪交叉前沿技术领域“信息技术”安排一门课程。在医学领域中安排4门课程。武汉大学的学生在这15门课程中只能选学一门课程，因此课程通过安排相同的要素实现共同的目标，课程内容只是实现课程目标的载体，课程要素是实现课程目标的关键。课程名称及课程内容只是为了学生有更多的选择，可以更好地利用现有的教学资源。分述如下：

1. 数学精神与方法

打破传统数学教育沿少数几条经典线索纵向灌输的模式，从宽视野、多线索的横向视角(思想层面、逻辑架构、应用景观、研习策略、学术大师、发展史实、固有的文化艺术氛围，等等）选择教学材料，以达到引导学生去品味数学的思想、方法、精神及其价值的目的，并实现启发学生心智、开阔其眼界、激发其数学感觉和兴趣的效果。

2. 物理与生活

物理学是自然科学的重要组成部分，在整个自然科学中具有基础性地位，物理学的发展和物理学原理、方法、技术面向实际应用，使应用物理学的众多分支得以产生和发展。基于物理学发展起来的科学技术，加速了社会经济的发展，改变了人们的生活方式，同时也改变了人们对世界的认识。对于非理工农医专业的大学本科生而言，什么是物理学？物理学的主要研究方法有哪些？物质的微观结构、运动规律及基本相互作用如何？日常生活中哪些现象的解释和实际应用需要物理学知识等，是需要了解和掌握的，这也是最基本的科学素养之一。

本课程从时间维度讲述物理学的背景知识，用浅显的语言介绍物理学的基本内容，用简洁的数学形式表达物理规律，同时运用所讲述的物理知识解释有趣的自然现象和日常生活中的应用。本课程内容包含有趣的物理实验、重大的科学发现、优美的物理公式和影响科学进程的物理学家等。通过本课程的学习，使学生具备一些物理知识、了解一些科学方法、熟悉一些科学思想、学习一些科学精神，最终提升学生的科学文化素养，确立正确的世界观和人生观。

3. 化学与社会

让课堂具备“可视”、“可听”、“可用”的特点，让非化学专业的学生在有限的知识背景下更好地窥探化学之美、领略化学奥秘，了解化学与社会发展间千丝万缕的联系。教学目标是：通过对化学基础概念和代表性理论的讲授，拓宽学生的科学视野，扩大学生的科学知识面，提高学生的科学素养。同时，培养学生的创新精神、提高学生的创新能力。

4. 宇宙新概念

向学生宣传正确的世界观、自然哲学观，尽管它的作用现在还无法直接

《自然哲学的数学原理》

看出来，但相信当学生们在走上工作岗位后，会对他们产生很大的帮助。这对他们建立良好的人生观，正确面对现实社会的方方面面，都将产生积极的作用。也为他们在今后的工作、研究中，少走弯路，早出成果，奠定了认识论基础。

5. 地球科学概论

加强学生唯物的自然观和宇宙观的教育，引导学生进行跨学科思考，培植学科交叉研究意识，激发学生的探索精神和创新思维；讲解与地球有关的地学学科相关知识，扩展学生的知识面，培养学生的综合思维能力及研究科学问题的兴趣。

6. 微生物的世界

引导学生对人类自身、人与微生物关系、人与环境关系有新的思考，使学生在自己的日常生活及对相关问题的处置中，能够利用所了解的相关微生物学的基本知识进行理性、科学的思考与判断。课程教学内容安排，主要介绍微生物的形态、种类、分布、营养代谢、遗传及微生物的控制等基本知识以及微生物对工业、农业、环境保护、医药卫生、食品和社会生活等各个方面的作用，并介绍有关微生物学的一些新的研究进展。

7. 力学世界

引导学生了解力学发展的历史、重大力学发展事件、力学发展对社会发展的影响与作用，掌握力学发展过程中学者采用的科学方法，向学生介绍重大理论的社会应用，介绍科学家在探寻科学问题过程中的不屈不挠的精神。

8. 科学技术史

凝练各学科对自然界认识的精华，展现科学发展与社会的互动关系，获得自然科学整体的形象、人性的形象。科学史是自然科学和人文学科之间的桥梁，是沟通文理的重要素质教育课程，可以让文科生懂得科学思想和科学方法，让理科生拥有历史意识和批判精神。科学史可以按照不同的编史方法分为科学思想史与科学社会史、分科史与综合史、国别史与通史等。

9. 信息素养与科学发现

重在激发学生对信息素养的学习动力、唤起对其他学科的兴趣、激发探究知识的渴望。以科研选题为基点，开展学术探究，体验科研思维、掌握检索技巧、融通学科专业，锻炼交流合作能力、培养社会责任感。信息素养不再仅仅是工具，更多地融入了通识性知识获取、思维方式训练、独立思考能力等培养目标。

10. 大学生科研素养和科学方法

立足于基础性的通识知识，培养学生的基础科研素养；采用理、工、医学学生深入科研，人文社科和艺术学生知道科研的课程定位，体现课程的通识性；通过参观实验室和科研实践环节，使学生建立起实践是科研的重要支撑的意识。通过三个教学环节的设计，系统地讲授大学生开展科学研究需要具备的科研素质。学生掌握开展科学研究需遵循的学术规范和科研基本规律，了解专利撰写等知识产权保护的基本知识，掌握科学研究的基本过程。使学生体会团队合作精神，建立科研素养终身培养的意识和方法，同时培养学生严谨的科学作风和科研习惯，为今后的研究工作打下基础。

11. 中医与中国传统文化

讲授博大精深的中国传统文化对中医方方面面的影响。中医植根于传统文化沃土之中，不断丰富传统文化的宝库。中国传统文化是中医的原动力，是中医的根。中医和中国传统文化相互融合、相互促进、共同发展。中医的振兴也意味着中国传统文化的振兴。中医的经典理论、基本精神甚至是研究对象，无一不与中国传统文化和思潮相呼应。讲述中医与中国传统文化之间的内在联系，发掘其异同点，有助于加深学生对中国传统文化的领会和热爱，有助于全面理解人与宇宙自然之间乃至人与社会之间的关系。

12. 环境与人类

课程结合国内外的一些环境与健康的发展趋势以及研究进展，将环境健康学的基本理论和知识与我们面临的环境与健康问题有机结合，阐述环境与健康的关系。“以人为本、健康为核心”，一方面使学生掌握环境与健康的相关概念，熟悉环境污染对人类健康的危害；另一方面突出了环境污染、生态破坏所引发的疾病和在疾病传播过程中的特殊性，又强调了受污染的环境要素易引发的疾病。力求贴近大学生对相关知识的需求，深入思考该怎样和环境和谐共处，从意识形态中能自觉地参与思考、实践、探索，倡导生态文明、人与环境和谐地共存和发展。

13. 医学、人文与社会

课程首先追溯医学的起源，以翔实的史实和突出贡献的人物向学生展示医学发展的历程及对人类社会发展的影响。医学与其他科学的不同之处在于，它的研究是人类对于自身的不断了解和认识。通过讨论让学生了解传承和发展，并从中获得启示。之后，课程将从生命的起源开始，讲解人生中的生、老、病、死。让学生了解生命的基本过程，认识健康和疾病。现代医疗卫生政策，讲述我国的医疗体制改革和相关医保政策，以及敏感的医患关系。通过此课程的介绍，将为本科生树立正确的健康观、疾病观乃至人生观，同时向学生传递珍惜生命的主题，并有助于他们今后更好地理解我国的医疗卫生体系。

14. 行为健康

引入案例式教学模式，结合以团队为基础的TBL(Team Based Learning)教学法，改变传统通识教学中以教师为主体的方式，系统介绍行为与健康的相关概念和理论，分析各类常见行为方式的特点及其与健康和疾病的关联，灌输行为改变的方法和策略，以指导大学生形成“行动决定健康”的理念，并在日常学习、生活中自觉采纳科学、健康、文明的行为生活方式，从而构建“知—行—决”的健康行为模式。

（三）本模块一般通识课程

一般通识课程包含以下课程群。

1. 数学与逻辑课程群

数学与逻辑课程群的设置目的是普及现代数学知识、工具，强调数学的前沿热点，突出数学的新概念、新方法；直接的目的是为广大学生的科研和毕业后的工作给予直接有效的帮助。一方面，要突出数学的实用性，结合大数据研究、数据挖掘、数学建模、量子计算、金融数学等大家关心的热点问题，以通俗易懂的方式，使非数学专业的同学了解数学的新发展、新应用，适当介绍常用数值计算软件、统计软件等数学工具软件，使各个学科的同学都能掌握一定的使用数学软件研究、工作的能力。另一方面，要突出数理逻辑的训练，通过数理逻辑的学习，进一步训练逻辑思维、逻辑推理，并且结合实际，了解数理逻辑在计算机科学、网络科学、物理学等不同学科中的应用。

具体开设课程包括：自然计算方法导论、大数据思维与技术、逻辑学导论、逻辑与思维导论，等等。

2. 格物致知课程群

物理学是自然科学的重要基础，是知识经济的基础，是科学的世界观和方法论的基础，它加速着社会经济的发展，改善着人们的生活方式，改变着人们对世界的认识。格物致知是中国古代儒家思想中的一个重要概念，源于《礼记·大学》八条目——格物、致知、诚意、正心、修身、齐家、治国、平天下。所谓“欲诚其意者，先致其知；致知在格物。物格而后知至，知至而后意诚”，意为“推究事物的原理，从而获得知识”。

格物致知课程群全面阐述了物理学理论体系每一次重大突破主要贡献者的探索历程；每一次重大突破的思维模式障碍、技术手段障碍、社会背景障碍；每一次重大突破对人类社会和生产实践的深远影响。向学生展示物理学的知识推进过程、科学研究方法、创新思维模式，让学生体验物理学对自然描述之深刻、数学表述之优美、实际应用之广阔。旨在激发学生认识与探索自然的兴趣，培养学生终身自主学习的能力、辨伪反思及创新思维的意识、实证研究的习惯，建立正确的方法论和世界观。在各自的研究领域和所从事行业内，提升学生持续探索的意志力，找到核心问题的洞察力，解决关键难题的想象力。

具体开设课程包括：生态功能材料、智能材料、20—21 世纪物理学、材料科学、科技与考古、近代物理发展史、纳米科学与技术、诺贝尔奖物理实验、人类生存发展与核科学，等等。

3. 化学与环境课程群

化学是研究物质的组成、结构、性质及其变化规律的科学，是人类用以认识和改造物质世界的主要方法和手段，也是推动相关领域科学与技术充分发展的动力源泉。人类的活动必然消耗自然资源，导致自然环境的改变。而当今工业发展及实施过程中易于产生人类所不需要的副产物，往往不可避免地影响环境。上述环境的治理及各种副产物的处理必须依赖化学手段。因此，化学与环境科学相互渗透，是人类认识自然、改造自然、控制自然的必然途径，在改善人类生活水平的过程中起着重要作用。

化学与环境课程群旨在探讨化学与环境科学的前沿及热点领域，将在课程实施中兼顾广度与深度，渗透四大基础化学及热爱环境的基本思想。课程群目标：让非化学专业的学生在有限的知识背景下了解化学与环境发展间千丝万缕的联系，拓展学生的科学视野，提高学生的科学素养，培养学生的创新精神，提高学生的创新能力。

为此设置以下三个板块：

第一，化学与环境科学历史、现状及发展趋势。

具体开设课程包括：诺贝尔奖史话、近代化学发展史、化学的今天与明天、化学世界、从分子水平看世界、能源与环境，等等。

第二，化学与环境及其他学科的和谐发展。

具体开设课程包括：人文化学、环境生物学概论、走进自然、环境化学概论、全球变化与环境导论、低碳、环境与能源经济、水质与人体健康和社会发展、环境健康学，等等。

第三，化学与环境科学交叉领域的创新。

具体开设课程包括：化学信息学、“量子”世界探秘、环境生物技术原理与应用、环保产业创业、地理信息科学与工程、面向可持续发展的环境功能材料、生物医学材料，等等。

4. 生命科学课程群

生命科学课程群介绍与生命系统有关的关键概念，将科学概念、事实、理论和方法与现实世界广泛关注的问题联系起来，以便学生能批判性地将之运用于将会接触到的科学主张。促进学生对生命奥秘的了解与欣赏，引发学生主动探索生物科技对人文社会冲击的意愿，培养学生尊重生命的意识。需要教师从学生的需要出发，在一定的专业学术的基础上，融入武汉大学通识教育课程的培养目标，使课程既有深度也有广度，既有专业性也有实用性。

具体开设课程包括：人类生物学、生命科学导论(含实验)、植物世界、病毒与生命、生物进化、人体机理趣谈、生物恐怖与生物安全、微观人体世界、人类与微生物，等等。

5. 经天纬地课程群

重在激发学生对自然科学的兴趣，在课程教学实践中加强学生正确的自然观、宇宙观和世界观的教育，引导学生了解天文学知识以及天文学的基本概念和新发现，了解与地球有关的地学学科相关知识，熟悉自然地理学的基本知识、规律和科学内容等，培养学生时空联动的地理学分析能力，具备分析各种常见自然现象的基本能力，最终鼓励学生进行跨学科思考，培植学科交叉研究意识，从而激发学生的探索精神和创新思维。

具体开设课程包括：宇宙新概念、地球科学概论、天文学概论、走进遥感世界、地理学概论、自然地理、遥感技术与应用，等等。

6. IT 世界课程群

信息化时代，随着信息技术的不断发展和计算机应用水平的不断提高，计算机科学中的前沿研究领域和相关技术日新月异。大学生在学习理论知识和实验技能的同时，不仅需要具备一定的现代化科学计算能力、软件使用能力、快速高效获取信息的能力和创造性地表达信息的能力，还要改变传统认识方式，提升大学生的信息安全防护意识和防护能力，迎接来自人工智能等的新挑战。不同学科领域计算思维模式既有相似处也有特殊性，课程建设重在促进不同学科领域的交叉渗透、知识融通，培养学生形成宏观的计算思维和交叉思维能力，从而使其提升创新和哲学思辨能力，开阔视野，塑造积极向上的生命观、自然观和认知观，打下一个多学科交叉和计算思维的基础。

具体开设课程包括：MATLAB 及其应用、人工智能与认知方法论、机器人概论、智能问题求解方法、信息安全概论及安全素养、软件与人类社会、计算思维导论、物联网应用与安全、网络信息安全、信息时代的信息素养教育、多媒体技术与虚拟现实、互联网概论、计算机科学前沿技术，等等。

7. 工程科技课程群

工程科技是人类世界发展最重要的影响因素之一，但是通识教育目标不是培养更多的工程化技术人才，而是在贯彻“厚基础，宽口径”的教育理念基础上，鼓励学生了解工程学科的科技发展史、重大事件的历史影响、在国民经济建设中的重要作用，以及新时期的新理论、新技术、新方法，还要秉承环境保护及人类可持续发展的需求，促进人与自然和谐发展。课程开设重在开阔学生思维方式，优化知识结构，打破自然科学专门研究技术的局限性，建立从多学科视角分析和审视科学及社会问题的能力，从而培养学生对人类生存环境的保护意识，增强学生的专业责任感和创新意识，弘扬崇尚科学和追求真理的精神，培养科学人文交融的思维方式，促进先进技术在不同专业领域的应用。

具体开设课程包括：创新与实践、创新与创造、数据通信与网络、走进电世界、大学生的科研素养和科研方法、电工初级技能训练、水利水电工程概论、电力系统及电气设备概论、地下水与人类文明、环境水利学、系统工程概论、地下水环境、3S 技术与城市、绿色建筑技术概论、人机工程学 、发明问题解决理论(TRIZ)与实践、地下空间与未来世界、新型城市化建设热点分析、道路桥梁工程导论、核电站与环境安全、实验设计与数据处理、世界桥梁建筑赏析、文献检索与科技写作、海绵城市概论、交通运输与区域经济、工程建设与环境协调、地下空间的开发和利用、水利现代化、水安全水管理与水文化、中国水利文化、建筑材料与人居环境、可再生能源发电技术、河流概论、大坝与河流生态系统、古今著名水利工程赏析、长江治水、调水工程概论、现代防伪技术、喷墨印刷原理与应用、图像复制技术及应用、数字媒体技术基础、包装技术、印刷光电技术、身边的材料学、走进能源世界、材料防护与资源效益、核能与安全——智慧与非理性的对抗、走进电子工程、电子与通信技术发展概论、光通信基础，等等。

8. *哲学智慧课程群*

哲学可以看作一种尺度，这种尺度的作用在于，从理性存在物本身出发，去寻找理性的本质(本源)以及自存与世界其他存在物的关系。哲学一词源出古希腊文 sophia，意思是“智慧”“聪明”。与此相应，有智慧的人叫 sophos。到了苏格拉底那里，这个词发生了一个重大变化，变成 philosophos。philo 是“爱”的意思，sophos 是“智慧”的意思，合起来就是“爱智慧的人”。后来，哲学便以 philosophia(英文 philosophy)流传于世。

哲学是阐明世界观的理论体系，是关于世界的普遍本质和规律的科学，是认识论或方法论，哲学是关于生存或存在意义的学说，哲学是批判的理论和活动。哲学能提供科学方法论。

学生可以通过听课及阅读哲学经典，进行小组讨论，领略东西方的智慧传统，形成对人类文化创造和知识进展至关重要的反思与批判性精神。

具体开设课程包括：批判性思维导引、科学思想史、哲学导论、逻辑与哲学论证、哲学方法与哲学问题，等等。

9. 医学与健康课程群

医学是研究生命的科学，具有人文性是其重要特征。医学不仅仅是实验室和病房里的学问，更是建立在人类文化上的社会实践。医学与健康课程群的出发点是以人为本，一是以学生为中心，抓住学生关注的兴趣点；二是以健康为中心，传递保持健康的基本知识；三是重视开发新学科，把通识课程和社会的发展紧密结合。课程涵盖了从人类以及生命，到饮食、健康、心理学，再到日常生活的方方面面。

具体开设课程包括：美肤之道、胃肠健康与保健、环境变迁与人类生育力改变、饮食营养与慢性疾病、行为与健康、营养学、女性健康管理、“医”眼看世界 、病媒生物防治、旅行与寄生虫感染、免疫与人类健康、女性生殖健康与常见病的防治 、人类与微生物、生殖健康 、食源性寄生虫病、现代生活方式与寄生虫感染、新发传染病与人类健康、性传播疾病与青春期健康、医学这些事儿(医学史)、元素营养与健康、口腔保健、药物基础与合理用药、食品安全与人体健康、药品与健康、抗生素的发展和应用、重大传染病与人类健康、性与健康、艾滋病防治、现代生活环境与都市病、免疫平衡和人类健康，等等。

三、社会科学与现代社会

本模块研究团队在系统研究海内外一流大学通识教育的基础上，对武汉大学不同时期的社会科学各专业培养计划进行了对比分析，并先后赴公共管理与行政学院、法学院、信息管理学院和社会学系调研，与各学院主讲通识课程的教师、学生代表以及主管教学工作的院长和教学秘书进行了座谈。现重点论述本模块的武大特色和通识课程的体系设计。

（一）本模块的武大特色

从全局上把握，武汉大学在通识教育上所作的努力体现在两个方面。一方面，学校对各个专业培养方案中的选课构成作了要求，要求必须选修一定学分的社会科学类课程，同时也出台政策要求或者鼓励各个学院开设通识类课程；另一方面，学校有意识地清理过于狭窄的本科专业设置，推行大类招生。这可以看成是通识教育理念的一个重要举措，而且有理由相信这个大类在未来会更“大”。

就社会科学类通识课程的建设而言，武汉大学的特色表现在设置依据和设置理念两个方面。

1. 设置依据：从专才教育向通识教育的转换

同全国所有大学一样，武汉大学本科教育采取的是“专才”教育：本科阶段的专业划分特别细，都快接近职业教育了。以经管学院为例，通常在美国的大学只设一个系的经济学学科，在武汉大学经管学院却设置了经济学、世界经济、财政与税务、金融学、数理经济与金融五个专业，而这五个专业授予的学位都是经济学。而管理学科则设置了物流管理与旅游管理这样知识面极其狭窄的专业。

与此同时，学校也持续不断作出多种努力，让学生获取跨学科的理论知识。一方面，进行大类招生，辅以裁减划分过细的专业；另一方面，开设原来的公选课和后来的通识课，作出选课要求。但是正如前面调研结果所显示的，这些努力并没有从根本上解决问题。

因此，与美国高校不同，武汉大学的本科人才培养并非一开始就立足于通识教育，而是处于从“专才”教育向通识教育的转变过程。在这个过程中，通识课程的设置就应该努力对各个院系过于专业的理论知识进行平衡。

2. 设置理念：以学生为本

基于武汉大学目前的专业设置体系，要更好地实现通识教育，本模块设置课程遵循如下基本理念：

第一，培养学生基本的科学素养和研究能力：包括严谨的逻辑推理能力和归纳能力。

第二，培养学生独立的思辨精神与批判性意识：不人云亦云，不盲目崇拜。

第三，培养学生理性的思维：能冷静思考，有清晰连贯的逻辑，作出有依据的判断，作出最佳选择。

第四，挖掘学生的好奇心与探索精神。

第五，鼓励学生形成社会关怀：利用科学的方法，主动认识自己所在的社会。

（二）本模块核心通识课程

本模块核心通识课程重点强调社会科学各个学科的代表性和专业深度，属于指定选修的课程，目的是通过对多个学科的基本理论与方法的学习，让学生掌握各个学科分析问题的基本思路与方法技巧，从更高层面理解社会科学研究方法的共性，能够更好地整合各个学科的研究思路与方法。

本模块课程设计立足于社会科学的主要学科、武汉大学社会科学学部下已有的学院，在通识教育理念指导下，根据上述选课标准确定。课程从政治学、经济学、管理学、法学、社会学和信息管理等学科领域选取，自上而下确定，任课教师不能作大的更改。

由于学分的限制，最终学生不可能在每一个专业里都选课，因此也就没有必要在设计通识课程时考虑各个学科领域课程之间的关联，事实上各个学科除了在科学研究规范这个层面有共同之处外，并无其他关联。

由于通识教育在课程体系设置上已经考虑到专业广度，因此具体到本模块的核心课设计时就主要根据专业深度来选择课程。

1. 社会科学经典导读

通过阅读经典著作了解先哲是如何思考人类社会的根本性问题的，深入理解经典思想对当代社会的影响和对人类行为的塑造，系统掌握如何用现代分析框架阐释经典思想，学会分析和理解现代社会问题的根本逻辑。

课程有助于训练学生的批判性思考能力，加强学生的人文底蕴。

课程要求：阅读与写作，小组讨论与课堂陈述。

2. 理想国

课程帮助学生理解柏拉图《理想国》中的哲学、政治、伦理思想，从历史和现实的视角研究其对现代社会科学和现代社会的影响。

课程有助于学生理解人类精神世界的源头、发展演变过程与逻辑，理解现代社会科学对先哲经典思想的传承与发展。

课程要求：阅读与写作，小组讨论与课堂陈述。

《理想国》

3. 宪法学

研究国家立国根基、根本制度及其内在逻辑，其主题包括宪法的立宪逻辑、国家政权的组织形式、现代国家的形成与性质、国家与公民的关系、民主与法制的关系。课程在历史和比较的视角下，沿用法学的基本分析框架对宪法与立宪问题展开讨论。

课程不只是对宪法进行介绍，而是引领学生从根本层面理解国家存在的意义，理解国家政权的形式与国家的组织结构，理解公民的权利、责任与义务。

课程要求：阅读与写作，小组讨论与课堂陈述，辩论。

4. 政治哲学与现代社会

政治哲学与现代社会研究社会政治关系的本质及其发展的一般规律。政治哲学的主题是权力、权威、国家、主权、法律、正义、平等、权利、财产权、自由、民主和公共利益等社会政治生活中的核心概念，课程对这些概念进行高层次的理论探讨，因此是政治学的方法论学科，为其构建了视角、思路、方法与框架体系。政治哲学横跨哲学、政治学和法学三大学科。

这门课程有助于学生建立一个认识与分析当前社会组织结构与政治关系的基本逻辑与方法。

课程要求：阅读与写作，小组讨论与课堂陈述。

5. 西方政治制度

对西方代表性国家政治制度进行比较分析，探讨政治现象的一般规律和政治制度历史演变的内在逻辑。其主题是立宪、国体、政体、国家结构、政府结构、行政体系等诸多方面。课程是政治学、行政学、国际关系学和法学的重要支撑。

课程利用政治学的一般方法对西方政治制度展开比较研究，引入历史和文化的视角，引导学生探究现代政治制度存在的历史与现实依据。

课程要求：阅读与写作，小组讨论与课堂陈述，辩论。

6. 军事思想与战略

课程围绕人类历史长河中有关战争和大国关系的战略思想进行讨论，分析历史和现实中的重大国际事件发生背后的逻辑。

课程帮助学生认识国家形成历史和世界格局演变。

课程要求：阅读与写作，小组讨论与课堂陈述，呈交课题报告。

7. 中国社会的结构变迁

课程从社会学的角度考察中华人民共和国成立以来的社会关系、社会秩序、社会阶层、社会观念、利益分配、民众行为、权力体系等的变化，评估其原因、路径和影响。课程对各种问题从多角度探寻其成因，如社会道德体系的变化、普遍的功利主义动机、冷漠社会风气、老年人的争议行为，等等。

课程帮助学生多维度考察自己所在的社会，对社会问题进行剖析，找到解决问题的方法，重建心灵家园。

课程要求：阅读与写作，小组讨论与课堂陈述。

8. 社会调查研究方法

课程属于方法论性质，介绍社会问题的调查与研究中的基本流程和具体方法，包括：社会调查研究的方案设计过程，统计调查法、实地调研(问卷与访谈)和实验法等具体方法的应用，资料搜集、整理、分析和总结等。

课程对从事社会学研究的学生而言提供了规范的研究方法，对跨学科的学生而言提供了观察问题、分析问题的更为全面和成熟的思路，这种思路对他们在各自的专业领域内的研究有帮助，对他们参与社会实践活动时作各种决策也有帮助。

课程要求：小组讨论与课堂陈述，呈交课题报告。

9. 商业伦理

课程探讨在利润动机之外是否应该有其他伦理价值考虑，如何在利润动机与伦理价值追求之间寻求平衡，商业伦理的引入是否有助于改善公司治理和促进企业发展，商业伦理的引入是否有助于社会的进步，企业引入商业伦理考量对于解决市场失灵问题的意义何在。课程主题包括：企业社会责任、企业劳资关系建设、企业与消费者关系建设、企业与政府关系建设，等等。

课程帮助学生跳出功利性的思维，从更高层次思考企业目标和人生价值，思考个体在社会中的责任与义务。

课程要求：阅读与写作，小组讨论与课堂陈述，辩论，案例分析。

10. 科学研究中的伦理与道德

课程讨论人类应该如何探究自然，探讨科学研究活动中如何处理人与自然、人与社会以及人与人之间的关系，探究科学研究的领域是否需要引入伦理道德维度而加以限制，提出科学家和科研机构应承担的社会责任。也讨论科学研究过程中应该遵循的学术道德。

由于科学技术展现了越来越大的潜力，体现了其改造社会、改造自然的巨大力量，因此有必要超越科学技术活动的具体层面，从社会进步、生态环境保护、人类和谐的更高层次探讨科学研究应遵循的规则，从而让科学对自然与社会的改造向“善”的方向进行，而不是破坏性的。

科学技术研究的伦理道德问题在当代社会中愈发突出，尤其是在生命伦理和基因伦理中更是存在大量争议性问题，如器官移植、堕胎与优生、克隆技术、转基因植物等；在军工技术中，科学研究伦理问题更为突出。

课程要求：小组讨论与课堂陈述，辩论。

11. 当代经济与经济思想

课程帮助学生理解当代市场经济制度运行，对市场经济的效率进行评估，分析市场与政府的关系，透视政府经济政策逻辑与影响，剖析经济行为主体的决策与选择逻辑。

课程有助于学生理解市场经济并作出更好的个人决策。

课程要求：阅读与写作，小组讨论与课堂陈述，课后作业。

12. 经济学视角下的当代社会

课程从建立在理性行为假设基础上的经济学思路分析当代经济制度和各种社会现象与社会问题，包括市场机制的运行及其评价，经济制度，婚姻、家庭、生育问题，政治决策与集体决策，选举，腐败、犯罪、歧视。

课程揭示隐藏在人们决策背后的逻辑，这些逻辑或者是实际上在运用但是决策者没有意识到，或者是决策者偏离了这种逻辑但是会带来相应的后果。

因此，课程有助于给学生提供一个不同的视角理解周围的世界，帮助学生在作决策时更加理性与科学。

课程要求：阅读与写作，小组讨论与课堂陈述，呈交课题报告。

13. 经济学定量分析方法

课程属于方法论课程，介绍数理经济学方法、统计学基本方法和计量经济学基本方法，帮助学生利用这些工具更好地进行科学研究和分析，更全面地思考问题。

课程不只是传授学生研究工具，更重要的是让学生建立严谨的逻辑和科学的思维，这些都具体体现在课程中。这些方法不只是经济学研究用得上，而且在其他社会科学中也都用得上。

课程要求：练习，呈交课题报告。

14. 组织行为与管理

组织行为学是系统地研究人在组织中所表现的行为和态度的学科，以行为学为基础，与心理学、社会学、人类学、经济学、政治学等学科相交叉，研究在组织下个体的行为模式以及组织与环境的相互作用。

课程实际上是对工作环境中的个人行为的分析，有助于管理者更好地实施管理，也有助于每一个个体跳出所在环境透视自己的行为，从而能作出更好的反应和更科学的决策。

课程要求：小组讨论与课堂陈述，呈交课题报告。

15. 媒介素养

课程是培养公众使用、分析、评价、创造媒介内容的能力。具体内容包括：基础的媒介知识，判断媒介信息的意义和价值，创造和传播信息的知识和技巧，使用媒介发展自己。

大众传播媒介早已成为公众生活的一个组成部分，大众传播媒介又与政治、经济、文化有着密切的关系，媒介所推送的信息包含着推送者的价值观判断和意识形态反映，带有特定的社会、政治、商业、宣传目的，其构建出的世界绝非完整的真实，因此批判性的媒介认知过程对学生而言就极为重要。

学生在面临媒介推送的内容时必须具备选择能力、理解能力、质疑能力、评估能力、创造和生产能力以及思辨反应能力，应能够正确理解和分析媒介信息，提出批判意见，提高对负面信息的免疫能力。

课程要求：小组讨论与课堂陈述，呈交课题报告。

16. 大数据与信息社会

课程介绍大数据是如何产生和储存的，其对社会、商业和个人行为的种种影响，以及如何利用大数据。与此前的数据技术不同，大数据时代会保留所有的数据，这些数据储存了全息事实，可以根据不同需要进行加工利用。

大数据时代深刻地影响着社会，改变着人们的决策方式，乃至改变科学研究的方法，因此本科阶段的学生需要深刻理解大数据。

课程要求：小组讨论与课堂陈述，呈交课题报告。

（二）本模块一般通识课程

与上述核心通识课程注重专业深度不同，一般通识课注重学科广度，由不同学科中有代表性的课程构成。同时，与核心通识课程设计的自上而下不同，一般通识课程由各学院老师自由申报，但是应该符合上述“本模块通识课程设置原则”中的相关要求。

除此之外，各学院老师在申报一般通识课程时还应考虑如下要求：其一，属于该学科相对基础性质的课程，有助于加强对所在学科的理解，课程内容不能过于专业和狭窄；其二，与现实社会有紧密的联系，有助于学生客观、理性地认识世界；其三，课程应有一定深度，能帮助学生掌握专业的方法，能训练学生的思维；其四，课程有助于学生毕业后继续学习；其五，一般通识课程与核心通识课有根本的区别。

一般通识课程来源于两部分：一部分是由各院系为全校学生专门开设的，另外一部分来自各个学院开设的专业课，与专业课程合并；也就是说，各学院的部分专业课程要对全校开放。

为了方便选课管理，考虑到社会科学各学科领域的性质与重要性，建议将一般通识课分为四大类：社会科学融合与贯通，法律、政治与秩序，认识与解释世界，管理与行动。

1. 社会科学融合与贯通

这一类课程属于社会科学总论性质的或者是交叉与边缘学科，寻求从多学科视角和复合方法来解释我们周围的世界是如何运行的，理解我们所参与的社会是如何演变的。包括但不限于如下课程：认知简史、生命历程之发展及健康促进、公共选择与集体决策、宗教学概论、社会科学哲学导论，等等。

2. 法律、政治与秩序

这一类课程属于传统的法学与政治学领域，包括但不限于如下课程：海权与帝国的崛起、中国政府与社会治理、当代中国政治制度、美国政府与政治、当代世界经济与政治，等等。

3. 认识与解释世界

这一类课程属于传统的经济学与社会学领域，它们提供认识世界和解释世界的方法与工具，而经济学与社会学是两个不同的视角，属于“思考问题的方式”。这一类课程包括但不限于如下课程：文化与社会、社会学概论、文化人类学、城市与城市社会、社会网络分析、公共行政理论与实务、经济学原理、经济发展模式比较、中国经济改革与发展、公共经济学、法经济学、博弈论、婚姻家庭与生育的经济分析、语言与社会、文化与生活，等等。

4. 管理与行动

这一类课程属于传统的工商管理、管理工程、行政管理、公共管理、信息管理等，其宗旨是改变世界，让我们周围的世界变好。这一类课程包括但不限于如下课程：能源与可持续发展、绿色管理与社会责任、企业社会责任、人口、资源、环境与可持续发展、文献检索与科技写作、经济地理、企业管理概论、管理学原理，等等。

四、艺术体验与审美鉴赏

为了深入总结全校艺术审美类通识课程建设的成效，剖析存在的问题和不足，大力推进通识教育改革创新工作，我们于2017年3月至4月进行了广泛而深入的专门调研。通过赴艺术学院、新闻与传播学院、印刷与包装系、城市设计学院和文学院调研，采取与相关院系教师和学生代表座谈、研讨、发放调查问卷等多种形式，获得了颇为丰富且较为全面的信息，同时对近年来的艺术审美类通识课课表进行了汇总分析。我们认为，武汉大学的艺术审美类课程建设取得了阶段性的成效，已建成音乐欣赏、文学欣赏与批评、戏曲审美导论、陶艺、西方美术鉴赏等一批连续讲授多年并受到学生青睐的课程，部分教师在艺术审美类课程的教学改革领域作出了有益的探讨。在调研、访谈过程中，师生体现出很大的热忱，对“艺术体验与审美鉴赏”模块课程的建设充满期待。

（一）本模块的武大特色

“艺术体验与审美鉴赏”模块课程的创新建构依托于武汉大学的学科基础、人文艺术底蕴和校园文化氛围，其特色和优势依次表现在以下几个方面。

1. 总体性特征

第一，具有悠久的艺术传统和厚实的学科基础。武汉大学的戏剧与影视学、美术学、设计学、中国语言文学、外国语言文学、美学学科均具备特色与优势，形成了理论与实践并重、传统与现代贯通、中西融汇、雅俗兼顾的研究路向和教学旨趣。在建设“艺术体验与审美鉴赏”模块课程的进程中，应赓续、发扬以上学科传统，彰显研究、教学和人才培养的特色，加强课程建设，完善课程系统，强化艺术教学设施建设，建立艺术教育、审美教育实践基地，积极整合校内外艺术教育优质资源，建构“大艺术教育”平台。在此基础上持续挖掘潜力，进一步提高艺术通识教育水平，让师生更加充分地接受艺术和艺术教育的惠泽。

第二，优美的校园环境和灵动的艺术氛围。武汉大学被誉为“中国最美的大学”，珞珈山水与园林学府相辉映，形成艺术审美活动与灵秀、优雅、生动的氛围和美丽、和谐的校园文化环境互渗共荣的局面，从而为本模块的通识教育创造了得天独厚的条件。在“武大通识1.0”和“武大通识2.0”两个版本的运行过程中，本模块通识教育不断完善艺术教育教学和校园艺术文化活动评估考核体系，体现出艺术教育的活力、魅力，彰显出武大特色和武大优势。

第三，以增强“三力”为培养目标。所谓“三力”，是指通过艺术审美类的通识教育，增强学生的想象力、感知力与创造力。武汉大学的艺术类通识教育聚焦于促进大学生的全面发展，实现对大学生审美情趣、人文素养的全面培养，有效提高大学生的文化素养，实现对文化的传播，在艺术类课程开展的过程中不断完善学生人格，陶冶学生的情操，进而提高学生的综合素质。

武汉大学设置艺术通识课程的目标是：使学生在掌握艺术的基本知识和基本技能的基础上，通过对艺术作品的感知培养高雅的审美品位和审美情感，通过对艺术作品的分析、批判、评价，提高审美素养，发展形象思维，提高创新能力，并在社会实践活动中获得感性和理性的完美结合，培养健全和谐的人格。

第四，建构互补互益的课程体系。就课程设置而言，武汉大学的艺术类通识教育的特征是：基本建立起实践类、鉴赏类和史论类互补互益的课程体系。基于艺术通识课程的性质和目标，选择适于教学对象和教学要求的课程门类建构体系，根据学科建设、地域特点、教育资源等的优势，遵循科学性、系统化、可操作的原则，探索建立实践类、鉴赏类、史论类互补互益的艺术通识课程体系，以满足学生的不同兴趣和需求。

2. 在通识理念方面处理好三大关系

第一，既坚守博雅品位又因应大众文化。武汉大学艺术类通识教育既坚守博雅品位，同时也积极关注当代大众文化、消费文化、视觉文化与网络文化的新形势，体现出因应智慧和对策。

我们认为，自20世纪60年代以来，人类社会文化发生了急剧的变化，消费文化、大众文化、视觉文化与网络文化迅速发展。对于包括艺术教育在内的文化建设来说，这是一种挑战，也是一种发展的机遇。对此种文化现实，我们无法也不应该逃避，必须认真面对。消费文化、大众文化与视觉文化是随着消费社会的到来而出现的，其最大的特点是迅速地使文化从精英走向大众，消解精英、消解经典、消解阅读、消解传统。在美国出现了艺术教育中视觉文化的转向问题。而在我国则出现了"日常生活审美化"的讨论。这些转向与讨论属于现在进行式，还在继续发展，基本的态度以学习、适应与引导为宜。网络文化也是20世纪中期随着网络的发展而盛行的，现在已经到了网络渗透一切的地步。在这种情况下出现了媒介素质教养问题，媒介素质指的是人们面对媒介各种信息的选择能力、理解能力、质疑能力、评估能力、创造能力和制作能力，以及思辨反应能力。培养这种能力，是育人的需要，更是文化发展的需要。

既坚持艺术审美价值体系，又及时应对时代的变化，调整艺术教育的理论与课程，使艺术教育真正收到实效，是当前艺术教育改革的重要方面。目前，普通高校艺术教育、审美教育应坚守博雅品位，注重引导学生养成健康、高雅的审美趣味和文化品位，避免价值缺失、深度缺乏。同时，在传统的艺术门类之外，通识课程内容应努力向当代开放，开设诸如多元的当代艺术、生活中的艺术等课程，让学生了解和感受当代艺术综合化、生活化的趋势，并增加有关新媒体艺术、视觉艺术与网络艺术的鉴赏评价内容，适度调整艺术鉴赏的基本理论讲授内容。

第二，既坚持中西对话又体现民族特色。武汉大学艺术类通识教育注重对中西教育资源精华的广泛汲取，在基于中西平等对话的前提下，体现出艺术教育的民族特色。

以开阔国际文化视野为前提，紧密结合本国实际来发展教育，已经成为当代教育家的共识。中国具有悠久、厚重的文化传统，古代的"礼乐教化"思想是一份丰厚遗产和宝贵财富。"礼乐教化"既是一种"兴于诗，立于礼，成于乐”的全面的教育，也是一种“天人相和”、“人人相和”的美育理论，对于建设和谐社会、培养一代新人有着重要的借鉴意义。我们的教育教学创新，需要深透理解并发扬中华诗教、乐教、礼教的精华，在借鉴西方艺术教育理论的过程中始终注重延续和增强民族特色，在交流对话与比较研究时关涉中国的文化传统和时代现实。

第三，坚持科学性、系统性和可操作性相统一的原则。武汉大学艺术类通识课程的设置与体系建构不仅符合教育的一般规律，还遵循艺术教育的特殊规律。教育部《全国普通高等学校公共艺术课程指导方案》明确指出：“公共艺术课程是为培养社会主义现代化建设所需要的高素质人才而设立的限定性选修课程，对于提高审美素养，培养创新精神和实践能力，塑造健全人格具有不可替代的作用。”也就是说高校艺术通识课程的性质是高等艺术普及教育。艺术教育必然涉及艺术本身，具有其特定的属性，因而普通高校艺术通识课程与体系建构还必须在符合一般教育规律的前提下符合艺术教育规律。“在普通高等学校艺术通识课程的学习实践中，通过鉴赏艺术作品、学习艺术理论、参加艺术活动等，树立正确的审美观念，培养高雅的审美品位，提高人文素养；了解、吸纳中外优秀艺术成果，理解并尊重多元文化；发展形象思维，培养创新精神和实践能力，提高感受美、表现美、鉴赏美、创造美的能力，促进德智体美全面和谐发展。”这是《全国普通高等学校公共艺术课程指导方案》规定的课程目标。课程性质和课程目标是课程设置的重要依据，普通高校艺术通识课程的建构必须围绕其展开。

武汉大学艺术类通识教育的系统性原则首先表现在开设课程所涉及的学科体系是健全的。其次，系统化原则还体现在开设课程的结构完整方面，在建构普通高校艺术通识课程体系时，对课程难易程度及课程要求等进行评估，使课程的设置分层次、分类别有机结合，使学生有一定的选课空间，并且提供可持续学习的机会。武汉大学艺术通识课程的设置应体现理论与实践相结合，做到知识体系完整。我们意识到，若只开设艺术史、艺术鉴赏、艺术批评等艺术理论方面的课程，或只开设技法、技能、技术等艺术实践方面的课程，都不符合知识体系完整的要求。艺术通识课程的设置要使学生接受全面的艺术教育，不仅提高艺术理论修养，同时又要掌握一定的艺术技能，才符合课程目标要求。

由于艺术教育具有特殊性，对师资条件、教学设施、学生素质等方面的要求也相对较高，因此普通高校艺术通识课程的设置及其体系的建构要充分考虑实际课程教学的可操作性。艺术通识课程的教学对象是不同专业、不同院系的学生，他们一方面对于文化艺术有渴望了解的好奇心，希望获得一定知识与技能的培养；另一方面又存在知识储备不足等方面的问题。许多艺术门类在悠长的历史发展与演变中逐渐形成了思想文化与物质文明完美结合的特点，往往具有独具特色的创作过程、方法与工具材料，对于工具、器材和材料的要求较高。另外，艺术技法技巧训练，大多需要长期的修学与历练，一方面是心灵对艺术感悟的不断进步与升华，另一方面则是技术技巧的勤苦磨炼与超越，从而达到艺术作品审美品位与技巧功力的共融共进，以至臻于完美。进行艺术教学实践更需要特定的教学场所、设施和相应的专业教师以及工具、材料、器材等。

3. 在课程建设方面坚持四个向度

第一，基础性与普及性向度。一方面，由于学生具有的艺术知识的层次不一，对各种艺术种类的兴趣不同，课程内容的选择应当根据大多数学生已有的艺术知识状况和兴趣，设置课程内容和难度，要满足大多数学生对艺术知识的需求，强化和突出基础性知识的学习；另一方面，艺术类学科本身种类与内容繁杂丰富，在有限的学时中教授和传播优秀的艺术知识和信息，在知识的深度与广度上应当科学化、合理化。应削弱艺术通识课程内容的专业性，要同专业艺术教育区别开来，加大艺术通识课程中基本理论的学习和基本能力的培养，使艺术通识课程具有一定的普及性，真正成为适用于全体学生全面发展的人文课程。

第二，整体性与层次性向度。艺术素养的培养是一个系统工程，艺术通识课程是一个系统的综合性课程，被分为若干种类只是人为的结果。开设艺术通识课时，在艺术素养结构要素的前提下，课程设置需要注意艺术知识整体与局部的问题，基于学生在艺术资质和审美能力方面参差不齐的个体差异性，在艺术通识课程内容的深度和难度设计上应具有层次感，以满足不同学生的需求，使学生在艺术理论、艺术技能等方面得到不同程度的学习与提高。

第三，综合性与系统性向度。艺术通识课程开设的目的主要是为了培养大学生的艺术素养，因此，艺术通识课程的综合性与系统性主要体现在艺术素养构成要素之间的关系，以及艺术素养与其他素养之间尤其是科学素养之间的关系上。艺术知识技能素养是艺术素养的基础，其他素养都是在艺术知识技能素养的基础上发展起来的，艺术审美素养是艺术素养的核心和纽带，艺术情感素养是艺术审美活动中的情绪表现，艺术创造素养是艺术知识、审美、艺术情感的综合表现。综合性的艺术通识课程，在课程设置上，应当充分考虑艺术素养构成要素的内在结构及其关系，使艺术通识课程之间建立内在联系，帮助学生系统地掌握艺术知识，使艺术素养获得全面发展。

第四，艺术性和科学性结合向度。艺术与科学是人类文明发展的两翼。在人类社会发展史中，许多科学发明都从艺术的灵感和想象中受益，而历代艺术又从当时的科技发明和生产力发展中得到支持和启发。在艺术教育中，学生通过艺术与科学的联系和比较，可以提高想象能力，达到感性和理性的平衡。就理工科学生的艺术素质培养而言，在艺术通识课程内容设置时，要紧密地结合科学知识中所蕴涵的艺术要素进行设计，使学生了解到艺术手段和科技手段的结合，可以创造出更美的形式，能够使学生在专业知识的学习过程中，学以致用，产生兴趣，并为其今后进行创造性的活动奠定基础。

（二）本模块核心通识课程

为了更好地实现艺术通识课程目标，根据课程设计的基本原则和艺术素养的构成，武汉大学“艺术体验与审美鉴赏”模块按层级进行课程设置。具体课程既遵循艺术分支多、门类广的特点，又倡导教学设计的综合性、精粹性。

1. 中华乐教导引

在中华礼乐传统的视野中观照乐文化精华，点面结合地讲析琴与诗、乐的人文底蕴和审美韵致，其课程讲授和研讨的覆盖面，既有形而上之“乐本”、“乐施”、“乐化”，又有形而中之“乐礼”、“乐情”、“乐理”，还有形而下之“乐器”、“乐言”、“乐律”。

2. 美的历程

勾勒中国古代艺术和审美文化的发展轨迹，生动阐释中华艺术的历史、人文内涵和美感特征。课程设计既可以是“美”的观念史，也可以是“美”的器物史，还可以是“美”的观念及器物的中西比较史（即以中西比较的方式讲述中华民族“美的历程”）。

3. 美术史

概述中外美术发生、发展、嬗变的历史，阐释不同区域、时代的绘画、雕塑、建筑的艺术成就，评析、比较中外美术史中的经典现象和作品。课程设计可以用经典作品串联起美术史的演变发展，也可以在美术观念的阐释及再阐释之中展示美术史的嬗变历程。

4. 现代艺术思维

艺术是人类特有的创造方式，更是一种思维方式。本课程阐释现代艺术的思维方式和审美文化意识，结合典型案例解析现代艺术创造与时代语境、科技发展、生活和文化的交互性，引导学生探讨现代艺术的多样化运思和个性化表达。

5. 音乐欣赏

分门别类、深入浅出地评介中外音乐经典艺术家和作品，并通过组织观摩音乐会、重点分析中外声乐及器乐代表性作品的方式，培养学生的审美感知和情趣，启发学生的音乐艺术思维，提高学生对中外音乐经典的形式美感和文化内涵的审美判断力。

6. 电影导演大师创意解读

面向学生推介电影艺术，紧扣电影的艺术特点和文化蕴涵，重点评介伯格曼、安东尼奥尼、阿巴斯、黑泽明等电影导演大师的代表作，对影片的创意特点进行生动且富于启示的解读，并在此基础上评述这些电影导演大师对中国几代电影导演的影响。

7. 京剧与地方戏曲审美

引导学生感知戏曲这一独特的中国传统艺术样式，以品赏京剧和地方戏曲的经典剧目为重点，解析其剧种特色、审美个性、文化内涵，提高学生的古典艺术鉴赏能力，深化其对中国传统文化及多民族地域文化的体认和理解。

京剧《霸王别姬》剧照

8. 中外建筑艺术与环境美学

在阐释中外建筑艺术发展历史的基础上，引导学生细读中外建筑艺术的经典作品，并重点关注建筑设计的环境美学维度，培育学生的建筑美学、生态美学意识，在中国道家文化与西方生态美学相融通的语境下，体认建筑、人居环境的文化内涵和理想境界。

9. 文艺批评及创意写作

引导学生掌握文艺批评的基础知识和理论，鉴赏中外文学、艺术佳作，并能熟练地运用各种文艺批评方法赏析和分析各类文艺作品。在此基础上，进行各种文艺类型、各种体材的文学性文本及运用性文体的创意写作训练，追求鉴赏、评论与创作的互渗与融通。

10. 舞台表演艺术审美体验

发掘舞台表演艺术对学生的感性能力和创造潜能的培育和启迪功能，在评介话剧、歌剧、音乐剧等中外名作的基础上，引导学生分组排演或进行创意改编。本课程对“舞台表演艺术”的“审美体验”可分为“品鉴”和“实践”两大部分：前者重在提升学生对舞台表演艺术及经典作品的审美判断力，后者重在培养学生在舞台表演艺术领域的审美创造力。

11. 大学生形象气质修养

孔子讲“绘事后素”，子贡理解为“礼后于仁”。学生的形象气质由先天“仁”与后天“礼”共同铸成。本课程重点讲授后天的修养，具体包含化妆、形象设计、礼仪与人际交流沟通技巧等内容，让学生学会如何进行得体的自我形象设计，进而提升优雅气质和综合素质。

12. 大学生艺术工作坊

包括戏剧、戏曲、微电影、动漫、古琴、声乐、舞蹈、朗诵、陶艺、书法、绘画等版块。通过组建艺术家和学者优势互补的教学团队，为学生创设艺术实践及研讨的情境，推行小班教学、师生互动、分工协作的艺术工作坊机制，有效引导学生在具体的艺术领域中进行深度体验和自由创作、创造实践，从而激发灵感、张扬个性，提升创新意识和能力。

（三）本模块一般通识课程

一般通识课程包含以下课程群。

1. 艺术史论基本知识课程群

重在引导学生思考艺术与人自身的发展、与社会的密切关系，理解艺术的意义和价值。艺术史将艺术的发展放在与社会经济、政治、科学等发展的历史脉络中，让学生更好地了解艺术是什么，艺术与社会发展、与人类文明进程的关系。艺术史始终是欧美国家高校艺术通识教育的核心课程。比如，在2004年普林斯顿大学为本科生提供的20多种艺术课程中，绝大多数属于艺术史类课程，卡内基梅隆大学也不例外。根据学院艺术学会(College Art Association)提供的全美50所高校调查报告，全美高校在20世纪40年代已开设了800种以上的艺术史课程。其中哈佛大学所开设的艺术史课程包括各类通史和专史，达61门之多，涉及面非常广。

开设艺术史论基本知识课程群的目的主要是帮助学生了解艺术的基本分类、艺术的发展历史概况、艺术表现的美学原理等，具体开设课程包括：艺术史、美学、中国美术概论、工艺美术概论、书法概论、中国美学史、中国电影史、中国建筑史，等等。

2. 艺术鉴赏与批评课程群

对非艺术专业学生的艺术通识教育要侧重于将艺术作为一种文化来传授，实现艺术对学生情感陶冶、创造力想象力发展、审美情趣提升等功能。其目的主要是以艺术通识课程为媒介，帮助学生体验审美的过程，掌握审美的方法，对艺术作品有一定的鉴赏和判断的能力，并能给予一定水准的评价。艺术鉴赏与批评课程群还应注重帮助学生了解艺术学科之间，以及艺术学科与其他学科之间的联系，提升学生对艺术内涵的认知，树立正确的、科学的、健康的美学观。具体开设课程包括：影视鉴赏、戏剧鉴赏、戏曲鉴赏、舞蹈鉴赏、交响乐赏析、书法赏析、广告创意与欣赏、中国古代建筑欣赏、中外名曲赏析、中外名城赏析、中国园林赏析、中国乡土建筑赏析、中国民族服饰赏析、中国山水画与山水诗、中国古代艺术和宗教、后现代艺术与美学、老庄与中国古代审美文化，等等。

3. 艺术实践与体验课程群

除了以课堂作业的形式实施外，第二课堂、校园文化活动或社会实践等都是有效的途径。提倡采取实践、体验、实训的形式，组建艺术工作坊、研习班、体验营，通过学生对艺术活动的参与，使学生在思维和实践两个层面发挥其创造性，完成艺术表现活动，提高艺术创造、表达的思维和能力。具体开设课程包括：绘画创作、书法创作、剪纸创作、摄影、三维动画制作、合唱、器乐演奏、小品创作与表演、经典电影配音体验、舞蹈表演、歌曲演唱、中国画理论与技法、油画理论与技法、素描表现技法、动漫基础、艺术设计原理、摄影艺术、中外戏剧文化精粹、声乐基本原理与技法、中国民族民间舞研习、舞蹈形体与气质培养、影视后期制作，等等。

本次通识教育深化改革将大力提高艺术实践类型的课程的比重，重点以强调参与性、体验性的艺术工作坊形式呈现，让学生在创作、表演、演奏中进一步感受艺术的魅力，提高其艺术表达能力。

“艺术体验与审美鉴赏”模块的所有课程在教学理念和方式、方法上倡导情境式、立体型、打通化。鼓励学生在第一课堂和第二课堂有效地参与、对话、互动、体验，既吸纳多元艺术教育理念，又弘扬中华乐教传统精华，并追求艺术教育与校园文化建设的有机融合。

第五章　附　　录

一、“武大通识3.0”课程体系图

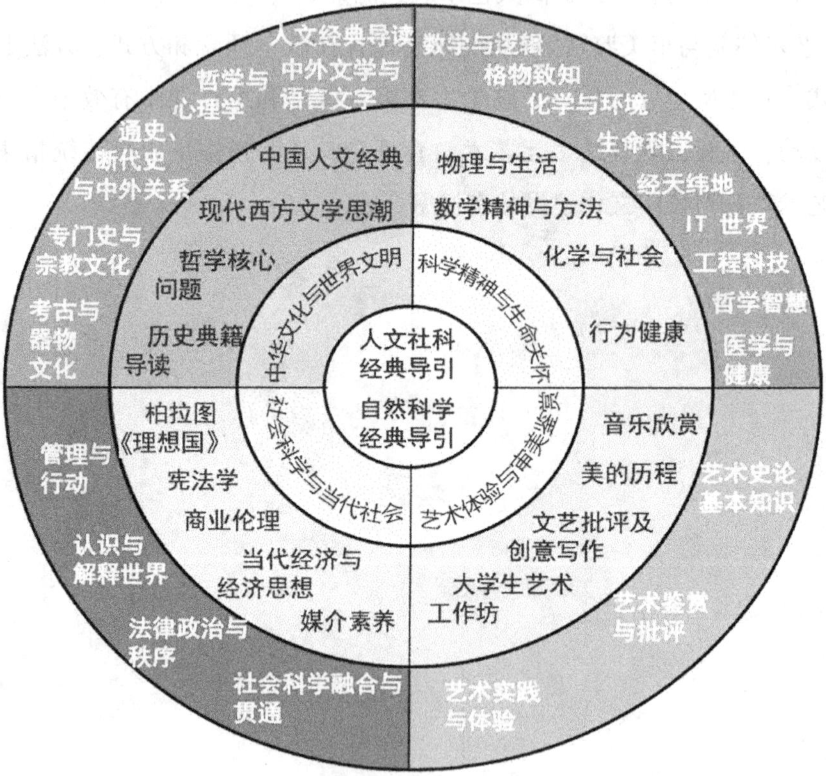

武大通识3.0课程体系图

二、“武大通识3.0”基础课程简介（“两大导引”）

（一）人文社科经典导引课程构想

1. 课程关键词：人

武汉大学通识教育的十六字理念是：博雅弘毅，文明以止，成人成才，四通六识。这一理念的核心关键词是“人”：何为“人”，成为何“人”，何以成“人”。早在人类的轴心期时代，西方有斯芬克斯之谜，中国有易乾三才之分，其共同指向是关于“人”的三大终极追问：我是谁？我从哪里来？我到哪里去？

从哲学的层面论，人之所以为人，就在于人具有关于“人”的身份认知、历史回忆和未来想象的自觉意识及探索能力。这种意识和能力在人类漫长的历史进程中，以经典的方式留存、传播和通变。因此，以“人”为第一关键词的武汉大学通识教育，其时间的和逻辑的首选，必然也必须是经典阅读。这一点，正是我们为大一新生设立通识教育基础必修课——人文社科经典导引的意义和价值之所在。

2. 课程问题阈：如何成“人”

本课程的授课对象是大一新生，这些十八九岁的孩子，第一次离开他们所熟悉的故乡和家庭，来到一个陌生的环境（大学校园），和一群陌生的人（老师、同学）一起，开始他们新的生活。如何完成身份转换和自我认同，如何养成博雅习性和君子人格，如何理解并把握这个世界（人、社会和自然）的复杂性和意义——这些问题，专业教育是无法回答的。

作为一门通识基础课，本课程旨在对大一同学进行启蒙性质的通识教育，打开学生视野，激发学生兴趣，培养学生博雅品位，养成学生君子人格，并为后面三年的核心及一般通识课程的学习打下良好基础。而从课程问题阈这一更深的层面论，本课程所精选的12部中外伟大著作，从不同的角度切入一个共通的主旨：如何成“人”。6部中国经典，既融通儒道释，又覆盖文史哲，其核心问题是人的仁爱、感悟与超越。6部西方经典，从古希腊、古罗马，到文艺复兴、启蒙运动，其核心问题是人的自由、理性和审美。而中西人文社科经典的会通之处，则是引导大一学生如何成为合格公民和博雅君子。

3. 课程内容及目标：人文化成

围绕着“如何成‘人’”这一问题阈，本课程的课程内容和课程目标，可以用《周易·贲·彖传》的“观乎人文，以化成天下”来表述。引导学生阅读中外人文社科经典的过程，就是一个“观乎人文”的过程；而“观”所要达成的目标，则是“化成天下”。本课程所选12部中外经典，以“人”关键词为核心，可凝练为4项理论命题，并呈现为4大课程板块及12个课程单元：

第一板块 《论语》《庄子》与《坛经》：人的仁性、天性与悟性

第二板块 《史记》《文心》与《红楼》：人的使命、博雅与爱恨

第三板块 《历史》《斐多》与《书简》：人的历史、生命与审美

第四板块 《精神》《国富》与《正义》：人的自由、理性与正义

4. 课程结构与方法：预阅·导读·研讨·书写

本课程分为4大课程板块12个课程单元(即12部经典)，每个课程板块8学时：教师大班导读6学时，学生小班研讨2学时。具体方案及方法如下：

第一，课前预阅。大班授课之前，学生须按教师要求预阅本单元经典，预阅要求须精确到某部书的多少页；教师通过课堂提问、书面问卷和线上交流来考核学生预阅进展及成效。

第二，教师导读。教师大班导读，除概要性介绍该经典的文化及学术背景之外，重点导读与“人”关键词之理论命题相关的重点章节，并为学生提供小班研讨的思考题及文献资料。

第三，学生研讨。小班研讨之前，学生须按教师提供的思考题准备发言稿(即小论文)。每一次小班研讨，学生先分别作主题发言，然后共同作专题辩论，主要辩论与“人”关键词相关的理论及实践问题，小班研讨由在读硕、博士研究生担任助教。

第四，考核方式。课前阅读(20%)，小班研讨(30%)，课程小论文

(50%)。

5. 课程内容(12部经典)

第一,“人”的仁性、天性与悟性。

①《论语》

②《庄子》

③《坛经》

第二,“人”的使命、博雅与爱恨。

①《史记》

②《文心雕龙》

③《红楼梦》

第三,“人”的历史、生命与审美。

①希罗多德:《历史》

②柏拉图:《斐多》

③席勒:《审美教育书简》

第四,“人”的自由、理性与正义。

①孟德斯鸠:《论法的精神》

②亚当·斯密:《国富论》

③罗尔斯:《正义论》

(二)自然科学经典导引课程构想

1. 课程目标

第一,了解自然科学的起源、方法及发展趋势,提高阅读经典名著的能力;

第二,熟悉自然科学的思维方式,初步具有理性判断及批判性思维的能力;

第三,提升口头表达能力和写作能力。

2. 课程内容(10 部经典)

Republic/理想国

The Beginnings of Western Science/西方科学的起源

The Birth of a New Physics/新物理学的诞生

The Principia: Mathematical Principles of Natural Philosophy/自然哲学的数学原理

On the Origin of Species/物种起源

DNA: The Secret of Life/DNA: 生命的秘密

Science and Method/科学与方法

In Search of Memory: The Emergence of a New Science of Mind/记忆研究：心灵新科学的出现

The Mathematical Universe/数学世界

Elements/几何原本

3. 课程结构与方法

第一，课前预阅。

大班授课之前，学生须按教师要求预习本单元经典，预习要求须精确到多少页；教师通过课堂提问、书面问卷和线上交流来考核学生预阅进展及成效。

第二，教师导读。

教师大班导读，除概要性介绍该经典的文化及学术背景之外，重点导读其中最为精彩最有影响的章节，并为学生提供小班研讨的思考题及相关资料。

第三，学生研讨。

小班研讨之前，学生须按教师提供的思考题准备发言资料。每一次小班研讨，助教引导学生分小组进行相关问题的讨论。每个小组选派同学在小班发言，主要讨论由该经典所引发的相关理论及实践问题。小班研讨助教由在读硕、博士生研究生担任。

第四，考核方式。

课前阅读(10%)

小班研讨(20%)

课程论文(20%)

课程报告(50%)

4. 课程资源建设

第一，教材为中英文版本。

第二，所有课程均录制成课程录像。

第三，建设课程网络资源，对每次课程阅读内容编制思考题，以选择题形式出现，学生选择完成后给出正确答案。

第四，对于课程中难于理解的部分，编制更为详细的解答录像。

三、"武大通识3.0"核心课程名录(60门)

模块名称	序号	课程名称
中华文化与世界文明	1	中国文化：元典与要义
	2	中国人文经典
	3	中国古典诗词鉴赏
	4	中国小说与社会
	5	诺贝尔文学奖作品导读
	6	莎士比亚与西方社会
	7	现代西方文学思潮
	8	中国语言文字与文化
	9	中国哲学智慧
	10	西方哲学史
	11	哲学核心问题
	12	逻辑与批判性思维
	13	心理学与生活
	14	中华文明史
	15	世界文明史
	16	考古与人类文明进程
	17	历史典籍导读
	18	近现代中外关系

续表

模块名称	序号	课程名称
科学精神与生命关怀	19	数学精神与方法
	20	物理与生活
	21	化学与社会
	22	宇宙新概念
	23	地球科学概论
	24	微生物的世界
	25	力学世界
	26	科学技术史
	27	信息素养与科学发现
	28	大学生科研素养和科学方法
	29	中医与中国传统文化
	30	环境与人类
	31	医学、人文与社会
	32	行为健康
社会科学与当代社会	33	社会科学经典导读
	34	柏拉图《理想国》
	35	宪法学
	36	政治哲学与现代社会
	37	西方政治制度
	38	军事思想与战略
	39	中国社会的结构变迁
	40	社会调查研究方法
	41	商业伦理
	42	科学研究中的伦理与道德
	43	当代经济与经济思想
	44	经济学视角下的当代社会
	45	经济学定量分析方法
	46	组织行为与管理
	47	媒介素养
	48	大数据与信息社会

续表

模块名称	序号	课程名称
艺术体验与审美鉴赏	49	中华乐教导引
	50	美的历程
	51	美术史
	52	现代艺术思维
	53	音乐欣赏
	54	电影导演大师创意解读
	55	京剧与地方戏曲审美
	56	中外建筑艺术与环境美学
	57	文艺批评及创意写作
	58	舞台表演艺术审美体验
	59	大学生形象气质修养
	60	大学生艺术工作坊

四、“武大通识 3.0”一般课程类别及要目

模块名称	课程群名称	课程举要
中华文化与世界文明	1. 人文经典导读课程群	《十三经》导引、《论语》《孟子》讲析、《四书》导读、《老子》《庄子》导读、孙子兵法研究与应用、《诗经》导读、《史记》导读、历代经典词作选读、莎士比亚戏剧导读、《圣经》选读等
	2. 中外文学与语言文字课程群	20 世纪中外文学名著鉴赏、世界华文文学经典欣赏、唐宋诗词鉴赏、当前文学热点与当代文化、中国文学简史、世界英语概览、方言与中国文化、汉字文化、汉语的词汇与文化等

续表

模块名称	课程群名称	课 程 举 要
中华文化与世界文明	3. 哲学与心理学课程群	中国哲学导论、西方当代人文主义哲学主流、伦理学、人际关系心理学、逻辑学导论、现代心理学引论、德国哲学导论等
	4. 通史、断代史与中外关系课程群	影像中的中国近代史、美国历史与文化、中日近代化比较、中国社会史、简明清史、世界军事史、国际关系史、当代国际关系与中国外交、当代中国话题等
	5. 专门史与宗教文化课程群	中国古代数术文化、中国传统礼仪与风俗、佛教文化、中国书法艺术、西方文化概论、古希腊文明、基督教思想导论、中西宗教文化比较等
	6. 考古与器物文化课程群	唐代碑石与文化、中国古代金属技术与传统工艺、人文地理、考古学概论、青铜器鉴赏、服饰文化、地图历史与文化、中国水利史、非物质文化遗产与民俗文化等
科学精神与生命关怀	1. 数学与逻辑课程群	自然计算方法导论、大数据思维与技术、逻辑学导论、逻辑与思维导论等
	2. 格物致知课程群	生态功能材料、智能材料、20—21世纪物理学、材料科学、科技与考古、近代物理发展史、纳米科学与技术、诺贝尔奖物理实验、人类生存发展与核科学等
	3. 化学与环境课程群	环境生物技术原理与应用、地理信息科学与工程、能源与环境、全球变化与环境导论、化学信息学、“量子”世界探秘、生物医学材料、环境健康学等
	4. 生命科学课程群	人类生物学、生命科学导论、植物世界、病毒与生命、生物进化、人体机理趣谈、生物恐怖与生物安全、微观人体世界等
	5. 经天纬地课程群	地球科学概论、天文学概论、走进遥感世界、地理学概论、自然地理、遥感技术与应用等

续表

模块名称	课程群名称	课 程 举 要
科学精神与生命关怀	6. IT世界课程群	MATLAB及其应用、人工智能与认知方法论、信息安全概论及安全素养、计算思维导论、信息时代的信息素养教育、多媒体技术与虚拟现实、计算机科学前沿技术等
科学精神与生命关怀	7. 工程科技课程群	创新与实践、走进电世界、环境水利学、新型城市化建设热点分析、世界桥梁建筑赏析、水安全、水管理与水文化、数字媒体技术基础、电子与通信技术发展概论、光通信基础等
科学精神与生命关怀	8. 哲学智慧课程群	批判性思维导引、科学思想史、哲学导论、逻辑与哲学论证、哲学方法与哲学问题等
科学精神与生命关怀	9. 医学与健康课程群	营养学、女性健康管理、医学这些事儿(医学史)、口腔保健、性与健康、艾滋病防治、现代生活环境与都市病、免疫平衡和人类健康等
社会科学与当代社会	1. 社会科学融合与贯通课程群	认知简史、生命历程发之展及健康促进、公共选择与集体决策、宗教学概论、社会科学哲学导论等
社会科学与当代社会	2. 法律、政治与秩序课程群	海权与帝国的崛起、中国政府与社会治理、当代中国政治制度、美国政府与政治、当代世界经济与政治等
社会科学与当代社会	3. 认识与解释世界课程群	文化与社会、社会学概论、城市与城市社会、公共行政理论与实务、经济学原理、经济发展模式比较、公共经济学、博弈论、婚姻家庭与生育的经济分析等
社会科学与当代社会	4. 管理与行动课程群	能源与可持续发展、绿色管理与社会责任、企业社会责任、“人口、资源、环境与可持续发展”、文献检索与科技写作、经济地理、企业管理概论、管理学原理等

续表

模块名称	课程群名称	课 程 举 要
艺术体验与审美鉴赏	1. 艺术史论基本知识课程群	艺术史、美学、中国美术概论、工艺美术概论、书法概论、中国美学史、中国电影史、中国建筑史等
	2. 艺术鉴赏与批评课程群	影视鉴赏、戏剧鉴赏、广告创意与欣赏、中国古代建筑欣赏、中外名曲赏析、中国民族服饰赏析、中国山水画与山水诗、中国古代艺术和宗教、后现代艺术与美学等
	3. 艺术实践与体验课程群	绘画创作、书法创作、剪纸创作、摄影、三维动画制作、经典电影配音体验、歌曲演唱、动漫基础、影视后期制作等

五、武汉大学通识教育研究成果举要

（一）通识教育理论研究

作　者	发表时间	出版社或期刊社	成果名称	成果类型
黄　进	2002	武汉大学出版社	大学理念与通识教育	著作
冯惠敏	2004	武汉大学出版社	中国现代大学通识教育	著作
李建中	2016	北京师范大学出版社	中国文化：元典与要义	著作
冯惠敏	2017	科学出版社	中国特色通识教育模式研究	著作
李建中等	2018	武汉大学出版社	武汉大学通识教育研究报告	著作
李维武	1995	理论月刊	中国近代人文精神失落成因探析	论文

续表

作　者	发表时间	出版社或期刊社	成果名称	成果类型
冯惠敏	1996	高等师范教育研究	面向21世纪大学普通教育课程设置的思考	论文
刘花元	1997	武汉大学学报(哲学社会科学版)	加强通识教育，深化大学教学改革	论文
冯惠敏	1997	武汉测绘科技大学学报	重新认识并加强大学普通教育	论文
冯惠敏	1997	高等教育研究	大学普通教育课程体系的构建与实施	论文
李维武	2000	高等教育研究	大学人文教育的失落与复兴	论文
冯惠敏 李清泉	2000	中国高教研究	大学普通教育与创新人才培养	论文
黄明东 刘光临 冯惠敏	2002	中国高教研究	论大学通识教育的多元性	论文
冯惠敏 陈闻晋 罗毅刚	2002	黑龙江高教研究	WTO与大学通识教育	论文
沈壮海	2002	思想·理论·教育	通识教育视野中的学校德育	论文
张子照	2002	高等建筑教育	我国高校实施通识教育的问题、困难及对策	论文
王碧云 巩喜云	2002	武汉大学学报(社会科学版)	海峡两岸大学通识教育暨大学校长治校理念与风格学术研讨会综述	论文
冯惠敏	2003	黑龙江高教研究	梅贻琦的通识教育观及其对当代教育的启示	论文
黄明东 冯惠敏	2003	高等教育研究	通识教育：我国高等教育改革的新走向	论文
冯惠敏 曾德军	2003	武汉大学学报(社会科学版)	武汉大学通识教育调查与分析报告	论文
吴　平 陈学敏 曾德军	2005	中国大学教学	武汉大学通识教育的实践探索	论文

续表

作　者	发表时间	出版社或期刊社	成果名称	成果类型
顾海良	2006	中国高等教育	“全面实施素质教育”中的思想政治教育与通识教育	论文
郭齐勇	2006	中国教育报	人文教育从经典导读出发	论文
冯惠敏 黄明东	2006	武汉大学学报(人文科学版)	我国台湾地区通识教育实施策略及其启示	论文
冯惠敏	2007	复旦教育论坛	我国内地高校推进通识教育发展的瓶颈及对策	论文
任舒泽	2007	山西高等学校社会科学学报	大学通识教育建设探微	论文
黎海燕 鄢建江	2008	当代青年研究	美国的通识教育与闲暇德育	论文
陈媛媛 黄安云	2008	教学研究	大学生人文素质教育的缺失与重建	论文
刘道玉	2008	中国地质大学学报(社会科学版)	论大学本科培养人才的模式	论文
刘建平	2008	江西财经大学学报	大学通识教育的困境、反思与对策	论文
黎海燕	2008	理论月刊	通识教育、闲暇教育与思想政治教育关系研究	论文
冯惠敏	2009	光明日报	提高大学通识教育质量的几点思考	论文
赵菊珊 娄延常	2009	高等理科教育	大学通识教育若干问题的思考	论文
张文军 王　华	2009	湖北社会科学	美国俄亥俄州立大学德育教育的启示与借鉴	论文
周太山	2010	教育学术月刊	当代美国大学德育的路径依赖及启示	论文
倪愫襄	2010	文化学刊	创建大学“以人为本”的通识教育	论文
杨　虹	2011	学校党建与思想教育	美国大学通识教育的国际视野及其对我国思想政治教育的启示——以美国俄亥俄州立大学为例	论文

续表

作　者	发表时间	出版社或期刊社	成果名称	成果类型
宋　娟 肖安东	2013	2013年大学素质教育研究会年会暨第三届高层论坛论文集	武汉大学通识教育现状	论文
张立平	2013	高等财经教育研究	“学习型社会”建设视域中的高校通识教育研究	论文
李建中	2014	中国图书评论	趣味：大学教育的关键词	论文
宋　娟 曾德军	2014	当代继续教育	武汉大学推进通识教育可持续发展的思考与对策	论文
张密生	2014	学习月刊	美国大学通识课的价值导向与启示	论文
周叶中	2015	中国法学教育研究	论法学专业人才人文精神的培养	论文
冯惠敏 杨　波	2015	武汉大学教育研究	武汉大学本科生通识教育实施情况调查报告(学生部分)	论文
廖　婧	2015	领导科学论坛	中国大学通识教育模式再分类	论文
周叶中	2016	中国大学教学	努力营造通识教育文化，扎实推进通识课程建设	论文
周叶中	2016	“大学通识教育联盟”第二届年会主题发言	加强通识教育是“以‘成人’教育统领‘成才’教育”的必由之路	会议发言
陈学敏	2016	武汉大学教育研究	大学通识教育改革的现实困境与未来发展	论文
周　可	2016	中国教育报	通识教育的实质是价值观教育	论文
冯惠敏 彭　锦 熊　淦	2016	中国大学教学	践行通识教育理念　提升通识教育品质	论文
冯惠敏 熊　淦	2016	中国高教研究	大学生核心通识素养结构的理论建构	论文
冯惠敏 吕蒙蒙	2016	武汉大学教育研究	武汉大学本科通识教育调查报告(教师部分)	论文
周叶中	2017	武汉大学教育研究	以“成人教育”统领“成才教育”　促进通识教育与专业教育有机融合	论文

续表

作　者	发表时间	出版社或期刊社	成果名称	成果类型
周叶中	2017	第三届大学通识教育联盟年会校长论坛主题发言	武汉大学“通识教育与‘双一流’建设”	会议发言
李建中	2017	第三届大学通识教育联盟年会主题发言	大学：通天下之不通	会议发言
冯惠敏 熊　淦	2017	武汉大学教育研究	武汉大学2016年本科通识教育质量现状调查	论文
冯惠敏 熊　淦 沈　凌	2017	2017年中国高等教育学会学术年会暨高等教育国际论坛论文集	弘扬教育自信——中国特色通识教育模式探析	论文

（二）通识课程和教学改革研究

作　者	发表时间	期刊社	成果名称	成果类型
吴　平 陈学敏	2007	高等理科教育	加强通识教育 促进自主学习 培养创新能力——武汉大学新一轮本科人才培养方案修订的主要做法	论文
冯惠敏 李　里	2008	武汉大学学报（哲学社会科学版）	哈佛大学核心课程改革的最新动向及启示	论文
赵小琪 张　晶	2008	广州大学学报（社会科学版）	试论中外文学名著通识课教学中的跨越意识	论文
王洪新 涂　蜜 华小梅	2009	中国电力教育	通识课教学方法的改革与创新实践	论文
熊治平	2009	中国大学教学	关于高校开设通识选修课的几点认识	论文

续表

作　者	发表时间	期刊社	成果名称	成果类型
刘小英	2009	中国大学教学	武汉大学“西方文化系列”通识教育课程改革综述	论文
李　楠	2011	思想理论教育导刊	美国大学通识教育课程考核的特点及其对我国高校思想政治理论课考试改革的启示	论文
李　楠 周建华	2011	科技进步与对策	中美大学通识教育课程建设比较与启示	论文
席　嘉	2011	语文知识	中美大学语文通识教育比较的几点启示	论文
郭均英	2011	中国大学教学	基于通识教育理念的“会计学”课程教学模式创新	论文
贾永红 崔卫红 张　熠	2011	地理信息世界	“数字图像处理技巧”通识课程的建设与改革	论文
李建中 潘琏钰	2012	徐州工程学院学报	新奇考卷：变“三写”为“三创”	论文
胡素芬 肖煜民	2012	高等农业教育	孔子教育管理思想视角下的大学英语通识教育	论文
张乾元	2012	教育教学论坛	美国大学教育中的学生自主学习及对我国教学改革的启示——以 OSU 通识教育的考察为例	论文
冯惠敏 黄明东 左　甜	2012	教育研究	大学通识教育教学质量评价体系及指标设计	论文
郭齐勇	2012	中国大学教学	我开的两类“四书”课程——作为通识教育与作为专业训练的国学经典课	论文

续表

作　者	发表时间	期刊社	成果名称	成果类型
李　勤	2013	思想理论教育	高校思想政治理论课教育与通识教育的关系	论文
胡　翩 刘康莉 段占南 汪春红	2013	教育教学论坛	综合性大学通识选修课现况的调查分析	论文
李　玲	2013	中共青岛市委党校．青岛行政学院学报	美国大学的法律通识教育研究——以俄亥俄州立大学的课程设置为例	论文
吴　珂	2013	现代医药卫生	运用微信公众号建立通识课程教学互动平台探索与实践	论文
黎　桦 何小锐	2014	湖北经济学院学报(人文社会科学版)	地方财经类院校法学通识课目标体系研究	论文
冯惠敏 胡　拓	2014	宏观质量研究	自然科学通识课程教学质量评价指标构建	论文
冯惠敏 成照敏 黄明东	2014	高校教育管理	中美两校“历史文化领域”相关通识课程教学设计比较及启示	论文
李建中 袁劲	2015	中国地质大学学报(社会科学版)	“互联网+”时代传统人文学科的网络化应对——基于中国大学 MOOC 的学理考察	论文
李建中 李　立	2015	许昌师院学报	传递金钥匙：用“关键词”方式讲授中国文化	论文
李建中	2016	中国大学教学	“怎么讲”才能更出彩	论文
侯　华 王宝山	2016	化学教育	面向本科生的“量子世界探秘”通识教育课程改革	论文

续表

作　者	发表时间	期刊社	成果名称	成果类型
何水兵 李翔宇 许先斌	2016	软件导刊	大学计算机教学中的道德教育问题探究	论文
刘　超	2016	法治社会	综合性大学法学通识课程设置缺陷与质量评价指标体系构建	论文
冯惠敏 李姗霖	2016	通识教育评论	中美高校“自然科学领域”相关通识课程教学设计比较及启示	论文
冯惠敏 李姗霖	2016	高等工程教育研究	自然科学领域通识教育课程特点及其设计理念	论文
张　熠 龚　龑 方圣辉	2017	武汉大学教育研究	“遥感技术应用及发展”通识课创新教学	论文

六、各模块学术团队成员及《研究报告》作者名录

序号	团队名称	首席专家	团队成员	《报告》作者
1	传统文化与通识教育	李建中	冯惠敏　涂上飚　刘金波 漆玲玲　熊　淦　朱晓骢	李建中　冯惠敏 熊　淦　朱晓骢
2	中华文化与世界文明	潘迎春	肖圣中　廖璨璨　詹存博	潘迎春　肖圣中 廖璨璨
3	科学精神与生命关怀	彭　华	谢志雄　许贤泽　汪春红 祁　宁　万　臻　王燕舞 郭贤星	彭　华　祁　宁 万　臻　王燕舞

续表

序号	团队名称	首席专家	团队成员	《报告》作者
4	社会科学与当代社会	文建东	陈　远　黄　舒　向德平　刘重春	文建东
5	艺术体验与审美鉴赏	江柏安	易　栋　李　格　王文斌　刘　涛　王胡红	江柏安　易　栋

后　记

《武汉大学通识教育研究报告》(以下简称《研究报告》)即将付梓，最后一遍校读书稿，不禁百感交集。

事情还得从16年前的2002年说起。

那年我从华中师大调入武汉大学，北迁珞珈之后的第一件事就是讲授全校通识课《中国文化概论》。这门课一讲就是十五年，其间录制成视频在“中国大学MOOC”播放，实体课堂和互联网课堂的学生(员)加起来超过20万人(次)。这门通识课还有这门课的教材拿过好几项“国”字号的奖，在珞珈山，在海内外，产生了较大影响。

2004年我在《中国文化概论》一书的《后记》中写道：

> 以自己对在校大学生的了解，我认为学校所设计并实施的通识教育是一件大好事，对于拓宽学生的知识基础，提高学生的人文素质以形成和谐健全的人格，具有重要的意义。基于此认识，尽管自己琐事缠身，还是愿意参与其间以尽绵薄之力。

写这段话时，我对何为“通识教育”所知甚少，与“武大通识教育”的联系也仅限于每学年开一到两门通识课程。当时我绝不会想到，“琐事缠身”的我居然会深度参与武汉大学的通识教育。

“武汉大学通识教育中心”成立于2016年岁末，学校交给我们的任务非常明确也非常具体：调研并撰写报告。调研，校内我们走访了六大学部的30多个学院，校外我们跑了海内外十几所高校；撰写报告，我们分课程模块组建学术团队，系统研读通识经典，建立通识理念而反思本校通识历程，学习世界一流大学经验而借石攻玉，在此基础之上多番研讨，数易其稿。

《研究报告》得以问世，首先要感谢武汉大学主管本科教学工作的周叶中副校长：不仅是因为叶中校长为《研究报告》写序，更是因为叶中校长是武汉大学本科教学理念的创制者和武汉大学通识教育实践的指导者。叶中校长是海内外著名的宪法学家，也是有思想有情怀有胆识有担当的高校领导。就我个人而言，尤其钦佩叶中校长的一项"特殊才能"：讲话(或讲课)从不用讲稿而能够做到思路清晰、逻辑严谨、篇无废句、句无废字，若要根据录音整理成文，仅须添加标点符号。

给我们团队布置"调研"和"撰写《研究报告》"任务的是本科生院张绍东院长。绍东教授是"70后"，国家"杰青"，研究"空间物理"。我不懂物理但绍东教授懂文学，于是我们在一起讨论《三国演义》曹操的"心理空间"以及刘、关、张的"三角空间"。第一次见面，绍东教授自谓"我是性急的人，免不了要催促各位"，但他从未催促过我们，却为《研究报告》的撰写及践行解决了不少难题，诸如聘请自然科学经典导引的首席专家，为公众微信平台"武大通识教育"争取官方账号，为通识中心配备专职秘书，等等。

《研究报告》是集体合作的结果，团队成员尽心尽责，劳苦功高(《研究报告》撰写者名单及各课程模块学术团队成员名单详见"附录4")。在这里，我要特别感谢武汉大学教育科学研究所所长冯惠敏教授，武汉大学本科生院质量管理处陈学敏副处长，武汉大学艺术学院易栋老师，教科院熊淦博士和文学院朱晓骢博士。

《研究报告》的总体思路由我和本科生院副院长黄明东教授共同设计；四大课程模块的首席专家在海内外调研的基础上撰写各自模块的报告，然后由我和明东教授统筹并整合。明东教授是武大教育学的博导，在本科生院负责包括通识教育在内的各项教学工作的顶层设计及质量管理，长期的“双肩挑”历练出超强的“理论与实践相结合”的能力。《研究报告》的撰写，从总体框架之设计到章节目录之拟定，从文献资料之征引到标点符号之使用，明东教授都是一丝不苟、一毫不差。

《研究报告》的四位副主编(即四大课程模块的首席专家)来自不同的院系，有着不同的学术背景，不同的个性、气质和爱好，却做着同一件事，这正应了“通识”的特征。“通识”就是在不同之中找到相通之处，而“通天下之不通”正是通识教育的根本途径。2017年岁末，为纪念武汉大学通识教育中心成立一周年，我们的公众微信号推送了几期专辑，其中有一辑是我写的《同仁印象》，照录如下：

一年的工作接触，几位同仁给我留下深刻印象。

潘迎春教授

微信昵称“生如春花之灿”，端的是人如其名。总是充满青春活力，对通识教育怀有极大热情。通识课深受同学们欢迎，慕课者累计达二十多万。潘教授主讲的核心通识课《简明世界史》在武大率先试行“小班研讨”并获得成功，潘教授的小班研讨不仅有德国式的“席明纳”(学术研讨)，还有法国式的小话剧(用话剧形式诠释拿破仑民法典)。潘教授将青春活力带到通识课堂，使我们通识教育的小班研讨一开始就洋溢“春花之灿”。

彭华教授

团队唯一的理工男，思维缜密，逻辑清晰，尤其擅长各种复杂的数学运算，比如，“武大通识3.0”的小班研讨，全校需要多少助教、多少教室，我们谁都算不清楚，除了彭华教授。彭教授做了十多年的教学副院长，有丰富的行政管理经验，能够迅速把握问题的核心和要害，其行政才能在中心的日常运作中得到充分发挥。更难能可贵的是，彭老师还是“两大导引”最积极的倡导者和推行者，特别是为自然科学经典导引的团队组建和课程准备做了大量幕后工作。

江柏安教授

江教授的专长是音乐，和他相处纠正了我的一个偏见：搞音乐的只会唱或吹(指演奏)，不会说和写。江教授在通识教育午餐会上的发言《在最高的层面上掌握生活的展现方式》，非常“高大上”，很受欢迎，收获了一大批粉丝；他写的通识文化方面的文章《就这样望着你的脸》文采斐然，读起来像是听莫扎特的奏鸣曲。江教授还有组织大型活动的才能，最近的《诗意珞珈》就是他参与策划和组织的。我们通识中心2018年的一次国际学术研讨会的策划和组织就交给他了。

文建东教授

文教授出身北大，典型的“北大style”，即有着自觉的批判意识与独到的学术见解，从来不人云亦云。《武汉大学通识教育研究报告》中由他负责的“社会科学与现代社会”那一章写得非常有特色。实际上我们通识教育就是要培养一种批判意识和批判能力，让同学们自然而然地生发独立思考之需求，养成独立思考之习惯。文教授将北大的传统融进了我们武大的通识教育，从而形成武大通识教育的新特色，可以说是别有一种意味的“南北融合”。

上面这四位教授还有我自己在通识教育中心都是“兼职”，而中心的专职人员只有一位：黄舒。黄舒很能干也很有才，毕业于武汉大学数学系，却写得一手好文章。在我前面提到的纪念通识中心成立一周年的专辑中，黄舒写了一段感言，我用它作这篇《后记》的结尾：

黄舒老师的寄语

她很小，小到一屋六人，宛若初生婴儿；她又很大，大到四通六识，博通中外古今。武汉大学通识教育中心成立一年以来，一直致力于构建“武大通识3.0”课程体系，培育我校通识教育文化。值此周年之际，愿武汉大学通识教育事业蓬勃发展，愿更多学生在通识教育里受益终生！

李建中

2018年3月樱花季于珞珈山振华楼306室